つぶれない会社のリアルな経営経理戦略

前田康二郎
KOJIRO MAEDA

CROSSMEDIA PUBLISHING

はじめに

新型コロナウイルスの影響で多くの経営者が厳しい経営判断に日々立たれていることと思います。そして経営マインドを持った社員も、「うちの会社は大丈夫だろうか」と思っているはずです。実際に経済的な影響が出るのはむしろこれからで、半年後、1年後に大幅な事業縮小や人員調整をしないと決算期を乗り越えられない会社も激増するかもしれません。多くの会社員は、自分の給与に手がかかるまでは「危機感」を感じることはありませんが、これから続々と自分の身近な人の会社が「倒産した」「リストラされた」「給与を減額された」という話を聞くにつれて危機感は増していくことと思います。

私は今回のことで驚いたのは、多くの会社がこんなにも資金繰りをぎりぎりでまわしていたことです。もちろん必要以上に借入をする必要はないのですが、「もし自分がその会社の経理社員だったら、いくら好景気であっても、万が一のことがあるので、金融機関にいざというときの融資枠を確保しておくなりするだろうし、自分の会社員時代の経理の先輩たちもそうしていたはずだし……」と思ったところで気づきました。

今の時代「経理など要らない」「事務社員はコスト増になるだけ」という喧伝に経営者が

惑わされ、特に中小企業、ベンチャー企業などには経理社員そのものがいない組織が増えたため、経理的な発想がないディフェンスの弱い組織になってしまっていたのだろうと思います。

好景気の時は目立ちませんが、不景気になった途端、組織の「バックヤード部門」の充実度で会社の実力差が広がります。想像してみてください。バックヤードが充実している会社は今回の有事では迅速に総務人事がリモートワークの準備をし、経理財務が資金繰りの対応をする。そして経営者は経営判断に集中することができます。しかしバックヤードのいない会社では経営者がそれらを全て行わなければいけません。とても経営そのものに集中することなどできません。ますます他社と格差が広がっていきます。バックヤード部門が手薄な会社は今、非常に危険な状態といってもいいでしょう。

ではそのような状態をどう回避したらよいのか。一つはバックヤード部門を必要最低限の人員を揃えることですが、個人事業主の方も含め、そこまでの余裕も既にない会社も多いことでしょう。そこで私は、「経営者から新入社員まで、全てのスタッフが経営と経理の基本を知っておくべき」と考えました。最低限の定義を全員が知っていれば、経営者が危機的状況の中で発した一言二言の言葉や指示でも「1を聞いて10を知る」ことができ、迅速にそれぞれのポジションで危機を回避する行動をとることができます。また反対に自らが自発的に危機的状況をとらえ、周囲に発信することもできます。全員が危機的状況に対応できる組織にすることで危機を少しでも遠ざけることができます。本書では難しい言葉は全て排除し、ディフェンス力を高める概念や計数感覚の持ち方についてお伝えしていければと思います。

その一方で、「資金や内部留保のある会社はどんな会社でも良い会社なのか」という問題があります。「利益が出過ぎている会社」とは距離を置くようにしているという人もいます。なぜかというと、「ケチ」だからです。私の周囲から聞く話でも、金額をダンピングされたり、扱いそのものをぞんざいにされたりするという話も、「赤字会社」よりも「利益が出過ぎている黒字会社」からのほうが多いと聞きます。でもなぜか、その黒字会社の社員は端から見ていても幸せそうには見えないそうです。利益が出ているのにその社員も給与が抑えられ、安い金額でとにかく発注して利益を出しなさいと会社から言われるストレスで、精神的に日々疲弊しています。そのストレスのつけは社内の弱い立場の人や発注先、身内などへ発散されることになります。そうして得られた利益は社内外に還元されることもなく、設備投資になることもなく、その会社の内部留保としてひたすら溜まっていきます。

内部留保の良し悪しは簡単に語ることはできないと思います。ただ言えるのは、目的のない内部留保は「ケチ」であり、目的のある内部留保は「節約」であると言えます。

「節約」する人や会社は、いざという時、そして目的のために資金を吐き出しますが、ケチな人や会社というのは、いざという時になってもそれを人のために吐き出しません。「節約」は周囲を幸せにしますが「ケチ」はむしろ周囲に不幸な思いをさせ続けるだけなのです。

会社には、それぞれの会社の「最適幸福利益率」というものがあるのではないでしょうか。経営者も、社員も、社員の家族も、取引先も、金融機関も、株主も、皆がバランスよく安心・満足する利益率、受注金額、給与、発注金額。それぞれが極端すぎると、必ず誰かが不幸を被ります。利益を追求するのが会社の使命である一方で、「会社を潰さずに長く継続させる」ためには、これらの利害関係者全員が欠けることなく、「それなりに幸せ」で良い関係を相互に保ち続けられることが条件です。

自分だけが得をしていればそれでいいという発想の人はいくらお金を積んでも外見も中身もなぜか上品に見えませんし、かといってお人良しすぎて破産してしまっては元も子もありません。何事もバランス感覚、良い計数感覚が、良い経営、長く安定した人間関係を築いていくのではないかと思います。

本書を通して、経営や数字、それらに付帯するヒトとヒトとのコミュニケーションといった本質について深く考えるきっかけにしていただければとも思っています。

つぶれない会社のリアルな経営経理戦略　目次

はじめに……002

第1章
「強い会社」とは、潰れない会社、しぶとい会社

会社が潰れる姿を想像できる人は、会社を潰さない……016
頑張り方を軌道修正すれば、会社は潰れない……019
計数感覚が整っていれば会社は潰れない……021
経営者の最大の責任の一つは会社を「潰さない」こと……023
タイムマネジメントが厳しい会社は潰れない……026

第2章 経営危機に陥ったら、すぐやらなければいけないこと

1秒でも早く動き出して生き残る確率を上げる……030
資金繰りがわかる人にすぐ相談して危機を脱する……032
できる社員は相談してくれるのを待っている……035

第3章 借入審査で会社を正しく評価してもらうポイント

受注先・発注先へのアポイントと、金融機関等へのアポイントは違う……038
ネガティブな予算計画を見てお金を貸せるわけがない……040
過去の栄光より、未来の展望を話す……043
小学生でもわかるように
自分の事業を一回で説明しきれる練習をしておく……044
自分が借りる立場なのに、自分本位では0点……046
マニアックな話をされると相手は逆に不安になる……050

「評判がいい」「頑張っている」は決算書には載せられない……052
経営者がヒートアップしないために経理社員はいる……054
企業ブランディングは、
取引先・顧客向けと金融機関向けの2種類ある……056
最後は社長の意欲で逆転もある……058

第4章 会社を潰す税理士、潰さない税理士

どのような税理士を選べばいいのかわからない……062
経営者が困った時に、その税理士の本質が現れる……065
税理士の本業はコンサルタントではない……067
いい税理士は人脈を駆使して「会社を潰さない」……069
自分と同世代、共通点のある税理士だと相談しやすい……070
IPOなどを目指すなら税務調査の強い税理士事務所を選ぶ……072
将来どういう会社にしたいのかを明確に税理士に伝える……074

節税第一主義になると会社の業績が逆に悪くなることがある……076
税理士から見る「顧問先を潰さない税理士」……078

第5章 カッコいい経営戦略よりも、まずは負けない経理戦略

経営と経理……082
平時と有事の経理の仕事……090
誰もが持つべき経理的マインドセット……094
財務戦略だけでは経営は維持できない……098
経理の仕事・役割……103

第6章 経理が強い会社で潰れた会社を見たことがない

「経理が要らない」という言葉を信じる人はいるのか……120
会社を潰さない経理は常に、「売上が0円になったら」を考えている……123
資金計画はリスクを最初に洗い出して作成する……126
なぜ「やはり予算は必要」なのか、その答えは「節約」にあり……128
数字が取れる人と取れない人が一瞬でわかる質問……132
「経理処理」は売上先や支払先に感謝する時間……135
強い経理は「100％失敗するもの」を精査できる……138

第7章 経理的視点による会社を潰さない新規事業や多角化の立て付け方

事業内容が多種類あっても事業形態が同じだとリスクは増大する……140

一強事業、一強商品は外的環境の突然の変化にはリスクが伴う……143
いかに事業形態やリスクが「被らない」新規ビジネスを考えるか……146
一つの事業内容しかなくても
「新規事業的、多角化的」なことはできる……158
「優秀な人材」は、有限である……160
利益額、利益率から逆算して新規ビジネスを考える……162
経理が企画100本で現場に新規事業案をばらまく……163
既存事業は社員が行い、経営者は常に新規事業を開拓する……165
儲かっている会社の開示資料を熟読する……169

第8章 会社を潰さない「プロ社員」の採用、育て方

強い会社は全部署が強い……172
強い部署には「プロ社員」がいる……174
会社を潰さない営業は、「攻めの営業」ができる……175

会社を潰さない広報・PRは、一人でも多くの人を「味方につける」……179
会社を潰さない秘書は、「経営学」を学んでいる……182
会社を潰さないエンジニアは、「キャッシュフロー」を気にしている……185
会社を潰さないデザイナーは、「自分が潰れない」術を知っている……187
会社を潰さない商品開発担当は、「素人の目」を忘れない……189
会社を潰さない店長は、お客様と「同化」する……192
各職種の超一流の会社員は、自分の職種を経営者の視座で見ている……195
経営危機の時には経営参謀にトランスフォーム（変化）する社員……197

第9章 潰れない会社はリスク管理が強い

「潰れない会社」はネガティブな情報を無視しない……200
リスクはコストを連れてくる……202
リスクを想定できる3要素は、「経験」「想像」「計算力」……203
売上を基準に、内的要因と外的要因それぞれにリスクを洗い出す……205

もし御社のリスク管理部長がネットで誹謗中傷の書き込みをしていたら……208
年俸が高すぎる職種のリスク……211
リモートワークで拾えないリスクは「判断ミスのフォロー」……214

第10章 潰れない会社は、組織を経理的視座から見ている

潰れる会社は社員同士の仲がすごく良かった……216
潰れない会社は身内事に時間をかけない……219
多くの経営者がついに「リモートでもある程度会社はまわせる」こと気づいてしまった……221
数字や生産性を下げる行動をする社員を指導できるか……224
「給料が安い」は評価して欲しい、「評価が低い」は給料が欲しい……227
数字を持っている人ほど、突然離脱する……230
「経営者の独裁」は2パターンある……232
利益が出ているからその会社の組織が手本にされる……234

「雰囲気職種」、「雰囲気役職」を
日本語に直してリストラを事前に防ぐ……236

第11章 経理的視座をスタートアップに活かす

「コツコツ」か「一気」か……240
役員報酬を少なくしすぎると、万が一の時に対外的責任をとれない……242
起業したら、外注や副業でもいいから経理担当をまず雇おう……245
CFOが簿記を知っているかどうかで管理体制を調整する……248
資金調達ゴールなのか、上場ゴールなのか、
それより先も目指すのか……252

あとがき……254

第1章

「強い会社」とは、潰れない会社、しぶとい会社

会社が潰れる姿を想像できる人は、会社を潰さない

自分の会社が潰れた姿、自分も無一文になった姿を真剣に想像したことがあるでしょうか。私はいつも考えています。自分が病気になったら、自分が不祥事を起こしたら……。そう絶対なってはいけないので、そのためには今何をすべきか、ということを考えます。

会社員から独立して10年近くたちますが、独立前には1年間全く仕事がなくてもいいように貯金をしましたし、自分が病床からでも仕事ができるように文章の仕事をいつかやりたいとずっと思っていました。また、取引先に迷惑がかからないように、品行にはいつも気を付けていようとか、いつも「最悪の状況を想定して」そこから逆算して今日は何をしようか、ということを決めています。

これまでいろいろな方と接してきて、危機を未然に防いだり、乗り越えられたりできる人とそうでない人とでは「最悪の場合を想定できる力」に差があると思いました。

人は、ポジティブな事象に関しては多くの人が日常的に想像する癖や習慣がついています。「ボーナスをもらったら高級ブランドの時計を買おう」「起業して成功したらメディアに出てインタビューをされるだろうから、今のうちに話し方教室に通っておこうかな」とか、楽しいことは自発的に想像すると思います。

しかし、ネガティブな事象については、多くの人が頭をよぎりつつも「まあいいか」「そんなことあるわけないし」と、先延ばしにし、蓋をしてしまいます。

だから、突如ネガティブな状況が発生したときに瞬発的な対応ができないのです。

会社においても、「資金調達ができたら新しく設備投資をしよう」「利益が出たら賞与が増えるのかな」と、経営者も社員も「想像力」が働くのですが、反対に、赤字になったり、資金調達の交渉が不調に終わったりした場合は「そんなことは起きないだろう」「その時はその時だ」と考え、実際に現実になると今度は「誰の責任なんだ」「それは経営者がなんとかすることだし」など、他人事としてしまいます。

つまり、ポジティブなことは「自分ごと」として認識しているので、それが現実になるとすぐ動けるのですが、ネガティブなことは、「自分の身に起こってほしくない」「自分の身に起こったことではない」と他人事としてとらえがちのため初動が遅れます。いったん出遅れるとさらにネガティブな事象というのは広がっていきますから、誰かが助けようと思ってももう助けられない状態にまでなっていることが多いのです。

ポジティブなことを3つ考えるなら、3つネガティブなことも想定しておけば、会社が潰れることはまずありません。よく「こんな事件や事故、想像できるわけがない」と言いますが、ビジネスの世界では想定は可能です。それは「もし売上が突如0円になったら」と想定するだけのことです。

天災や疫病、テロや戦争など、細かい事件一つひとつではなく、シンプルに「売上が突如0円になるようなことがあったら、うちの会社はこのような対応をして潰れずに生き延びる」という準備が常にできていれば、小さな会社であっても一定期間は持ちこたえられ、その間に次の一手を考えることができます。たとえば、突然売上が0円になったら手持ちの資金では2カ月分しか従業員に給与を支払えないので、数千万円の融資枠を金融機関と締結しておこう、ということなどを、「会社が順調なときに」準備しておけば、大分違うはずです。

会社が成功することは、誰でも無意識に想像します。会社を潰さないための第一歩は、会社が潰れることを想像することから始まります。

頑張り方を軌道修正すれば、会社は潰れない

「頑張れば夢は叶う」という人、「頑張っても夢は叶わないこともある。けれど成功した人は皆頑張っていた」という人もいます。どちらが正しいのかと考えたときに、私は「方向性」という言葉などをそこに加えれば、この二つの言葉は同じ意味になると思います。

「正しい方向性で頑張れば夢は叶う」

「頑張っても方向性をわからずに頑張っていたら夢は叶わないこともある。けれど成功した人は皆正しい方向性で頑張っていた」

頑張ったことの結果が出るか出ないかは、「何をどう頑張るか」の正しい方向性を決められた人、あるいは頑張りながら方向性を「あ、間違えた。こっちだ」と気づいて軌道修正し

ながら正しい方向へ到達した人が成功しているのだと思います。

会社経営で、一番潰れる可能性が高い状態というのは、経営者や従業員、皆が頑張っているにもかかわらず赤字、数字が出ない、というパターンです。それはひとえに「頑張る方向性が間違っている」のです。しかしそれに気づかず、さらに「頑張りが足りないからだ」と、もっと頑張ってしまう。頑張って赤字なのですから、もっと頑張ったらもっと赤字になってしまうのです。滑稽に見えますが、実際にこのような会社はかなりあります。世の中にコンサルタントが必要、というシチュエーションがあるとしたら、このような状態の会社に対してです。身内同士だと、全員が「同じ間違った方向」に向いているので自覚できないのです。外部から客観的に「間違った頑張り方」の軌道修正を指摘してもらえば頑張ること自体はできているのですからすぐ数字は良くなります。

たとえば、接客業の場合、売上が少ないからといって週休2日を週休1日にしよう、ということではなく、魅力的な商品・サービス開発に時間を割いたほうが、社員が体力的に疲弊することなく、売上が上がるかもしれないということです。

「こんなに頑張ってもダメなのだからもうダメだ」とあきらめずに、頑張っている時間量を減らして、頑張り方、頑張る方向性を見直す時間に充てることで、会社が立ち直るケースは多々あります。

計数感覚が整っていれば会社は潰れない

「計算が得意」と「計数感覚がある」は意味が違います。ビジネスに置き換えて言うと、計数感覚のない人というのは「食べていける資格や実績があるはずなのに、なぜか食べていけない人」のことであり、計数感覚のある人というのは「食べていける資格や大きな実績がないのに、なぜか食べていけている人」です。

私が以前から興味深いと思うのは、組織において、管理職、幹部クラスでは、国家資格やMBA取得者などが多くいるのに対し、経営者のトップで、そういった資格などを持った人は少ない、ということです。

○○率、KPI等たくさんの指標がありますが、シンプルな話、「売上－費用＝利益」が出ていればいいのですから、それは誰でもわかる数式です。

経営というのは、計数感覚のある人であれば、ある程度会社をまわせるのではないかと思います。

しかし、その計数感覚のバランスが崩れたり偏ったりすると、赤字になっていくことがあります。**その理由の多くは、私は「情」だと思います。情が計数感覚を鈍らせることがあります。**

「あいつ数字が出ていないけれど頑張っているから」「この商品、皆のお気に入りだから全然売れていないけど廃盤にしたくないなあ」と情をかける経営者の方は実際多いでしょう。

従業員をある程度の人数雇い、会社を経営している方というのは「情」が備わっています。情がないといくら正論でも人は集まりません。

元経営者で今は論客として活躍されている方々は、「自分で頑張っているつもりでも数字が出ていなければ意味ないでしょ」とおっしゃると思います。しかし、その方々はもう会社を経営しておられない方が多いです。正論なのですが、それに全員がついていくのはハイレベルすぎて難しいのだと思います。

特に黒字の時の正論と情のバランスはとても難しいと思います。

ただし、赤字になったらその時点で情などとは言っていられません。論理としては論客の方々の言う通りですから、「情をかけすぎていないか」チェックをして、自分の計数感覚がどこで偏ってしまったのかを振り返るポイントとするといいと思います。

経営者の最大の責任の一つは会社を「潰さない」こと

今回の新型コロナウイルスのようなケースでは、社員の出社制限をどう決めていくのか、どの会社も悩んだことでしょう。

私自身は、感染者がまだ中国国内のみの時は静観していましたが、これが他国に飛び火した段階で、これは今までのものとは違うと思いました。一つの国だけであれば、その国の衛生環境や医療方針など、独自の条件が重なって偶発的に起ることがあるかもしれませんが、2カ国以上ということは、○○人は病気になって○○人は病気にならない、ということはないと思ったからです。多くの経営者がこのタイミングの前後で、自社の経営にも影響が出てくるかもしれない、といろいろな検討や対策を始めたと思います。

私の周囲で一番多かった出社制限のやり方は、「介護や育児などがある人で、在宅勤務が可能な職種の人」からまず始めて、段階的に全社員に適用するという形でした。

少し脱線しますが、先日、働き方改革に関するトークイベントのお知らせがきていて、ちょうど自粛要請が出始めている時期でしたので、どうなるのかなと動向をチェックしていました。結果的にそのイベントは直前で延期になったのですが、何十人かのゲストスピーカーの方たちの多くがその延期決定の前に続々と登壇を辞退していました。一方で、最後まで登壇を辞退しなかった方たちもいました。その中には働き方改革を売りにしている経営者の方も含まれていました。なぜでしょうか。その方も「経営者」だからです。

本来であれば、いの一番にその経営者の方たちが辞退し、周囲にも辞退を促すべき立場であるはずです。しかし大事な商談や会社のアピールの場でもあり、そして主催者との兼ね合いもあったのでしょう。「経営者として自らが社員の手本となって楽しい働き方を」、と普段は言っていても、危機が迫る時にはそんなことは言っていられない立場に追い込まれます。「経営者として」会社の経営も含め、さまざまな要件を勘案して判断をしなければいけません。

現実はそれだけ経営者の決断は難しいということです。「働き方改革」は当然順守すべきですが、純粋な「働き方改革」と「働き方改革を活用したビジネス」の二通りがあるということは頭の片隅に入れておかなければいけません。

話を戻しますが、今回のことを経理的な視点で見ると各企業の対応のパターンがはっきりわかります。

まず、すぐ全員在宅勤務に切り替えられた企業、これは純粋に大企業、上場企業などキャッシュが潤沢にある、ということです。1年や2年、売上が0円でも潰れないほどのキャッシュがあるから、「とりあえず全員在宅にして、それから計数上の対応は考えよう」ということができる会社です。黒字企業だけでなく、赤字であっても、上場をしてキャッシュだけはあれば、同じ対応がとれます。こうした対応ができる環境にある会社はほんのごく一部で、ほとんどの会社は、限られたキャッシュしかない中で、まず社員を在宅勤務や店舗を休業すると想定した場合、どれくらい売上が減るのかを試算して、半年、1年先の資金繰りをシミュレーションし、不足する可能性のある金額の融資枠がとれるかなど、資金の確保をしなければ会社は潰れるかもしれませんし、そこまでいかなくても給与が未払いになるかもしれません。こうしたことを知らない社員は、在宅勤務の決断をする各会社の経営者の決断のタイムラグを、単に「うちの経営者は決断が遅い」と勘違いしてしまいます。

そういうことが起こらないように、私はいつも経営者の方々には、「社員は社員の仕事だけ頑張ってくれればいい」ということだけではなく、「もっと計数的な知識も教育していっていただきたい」とお伝えしています。

タイムマネジメントが厳しい会社は潰れない

私の経験してきた中で統計上、明らかなこととして「黒字会社より赤字会社のほうが、いろいろな数字管理のタイムマネジメントが遅い」ということが挙げられます。

月次決算が遅い、そもそも月次決算をやっていない、という会社が多いのです。理由としてバックヤードの人員が手薄、税理士任せ、あるいは内部統制の不備など、1カ月以上後にならないと月次決算が出てこない、という会社もかなりあります。在庫管理を面倒がり、毎月やっていない会社もあります。だから月次決算が出来ました、といっても、在庫管理が反映されていなければ本当の正しい数字ではありません。また、現場から月遅れで請求書が出て来たらそれも、前回作った月次決算の資料が本当は正しい数字ではなかったということになります。

こうしたことは経営者が一言厳しく「遅れないように」と言えばいいだけのことです。ではなぜそう言わないのか。私は「こんなことが実際の数字に影響を及ぼすはずがない」と思っている方が多いからだろうと思います。**騙されたと思って、とにかく月次決算をきちんとやる、ということをやってみてください。正しい数字で早く経営判断をするようになれば、必ず数字が変わっていきます。**

先程から触れているように、多くの経営者の方は計数感覚などの「勘」と、「情」で経営をされている方が多いと思います。もし数字が悪かったら、それは経営者の勘が鈍り、情をかけすぎ、ということです。それを是正する方法は一つしかありません。「正しい数字」「現実の数字」を直視することだけです。だから決算書があるのです。

赤字会社ほどむしろ早く月次決算を確定させて経営判断すべきなのです。月次決算を1日早めるとか、納期の遅れを0件にするとか、今以上に「絶対に遅れない」という行動習慣を会社全体ですれば、数字も変わっていきます。やる気があるのか、ないのか、それだけの話です。

私が好きな言葉の一つに「後にいるものが先になり、先にいるものが後になる」という言葉があります。

最後尾にいるなあと感じる時は、地道にやっていれば、いつか反転して自分が先頭に立つことがあるかもしれない、と励みにし、反対に良いことがあった時は、またいつ状況が変わって反転するかもしれないから調子に乗ってはいけない、と思うようにしています。

ビジネスでも同じで、第三者から見て、「この会社はピークを過ぎた」と上から目線で批評されていた会社が、突如外的環境が反転して復活する、ということがあります。

それは偶然ではなくて、その会社がピークを過ぎたと揶揄されてもしぶとく生き残って会社を存続させてきたから「外的環境の変化」というチャンスが廻ってきたのだと私は思います。

経営は基本的には売上や利益を伸ばすということが前提ですが、「いかに潰れずに存続させるか」という視点も重要になります。

売上や利益が好調な時は、固定費のコスト（賃料・人件費など）も比例して高騰していくと思いますが、売上・利益が頭打ちになった段階ですぐコストを抑制し、多額の損失を出さないということを第一優先にして、「収支とんとん」という状態で、次のチャンスをしぶとく待つ、というのも一つの生き残りの戦略だと思います。

第2章

経営危機に陥ったら、すぐやらなければいけないこと

1秒でも早く動き出して生き残る確率を上げる

経営危機の会社と勢いのある会社、両方の会社を見てきて思ったことは「ほんの少しの差」だということです。現に、数年前まで勢いがあったのに失速している会社もあれば、反対に、あの会社はもうピークを過ぎたと言われていた会社がV字回復をしていることもあります。

勢いのある会社に「好事魔多し」と周囲がアドバイスしても、「はいはい」と聞き流していたら一気に転落することもあるでしょう。反対に経営危機に陥った会社が周囲のアドバイスを忠実に聞いて資金を確保し、仕事のやり方やビジネスモデルを改善して一気に復活することもあります。いつアクシデントが起こるかわからないのと同じ確率で、潮目が変わってチャンスが巡ってくるかもしれません。経営が困難にある方も、後悔のないように、今はやれる努力を最後までやって、浮上のチャンスを待ちましょう。

経営危機の会社に「明日にでも金融機関の窓口に行って、借入の相談をしたほうがいいですよ」と伝えた場合に、経営者の反応は二つに分かれます。

「すぐ電話で問い合わせをして、明日の午前中に予約を入れました」と報告してくれる経営者の方と、そのまま連絡がなく、翌週「どうなりましたか」とこちらから再度連絡すると「あ、ちょっと現場のほうがいろいろ忙しくて」と、何もしていない経営者の方です。

前者の場合は、その後の金融機関の資料提出も即日対応されるでしょうが、後者の場合、無理にお願いをして金融機関のアポイントをとったとしても、その後、言われた資料を期限通りに出さないなど、後手になることが目に見えています。

融資も他の会社・経営者との「競争」ですから、1秒でも早く動き出したら、「やる気のある人をなんとかしてあげたい」と、周囲も心に留めて、その人を救済しようと動いてくれるはずです。

反対にぐずぐずしていれば、また一歩危機が忍び寄ります。金融機関に昨日電話していれば、来週予約がとれたのに、今日電話したら1カ月後、ということもあるように、行動が遅いと、助けられるものも助けられなくなるのです。

資金繰りがわかる人にすぐ相談して危機を脱する

手元のお金がなくなってくると視野も狭くなってきます。今日明日のお金の手配をどうしようかと考えなければいけませんから当たり前です。だから一人で抱え込んでしまうとさらに視野が狭くなり、メンタルも不安定になります。

焦って間違った判断をしてしまうかもしれないので、資金繰りに不安を感じたら、まず自分以外の信頼できる誰かに相談してください。そうすることでパニックが落ち着き、視野がいったんフラットに戻ります。

税理士でも、経理部長でも、経営者仲間でも、金融機関に勤めている友人でもいいです。そうした人は、資料を見せてもらえば、何をどうすればいいか、現状何がその会社の問題かくらいは、ものの10分でもあればわかります。

自分一人で考えていると「奇跡が起こってなんとかなるかも」という期待が入ってしま

うので、主観的ではなく客観的に資金の現状認識をして初めて、次はどうすべきか、という行動に移せます。

一番いけないのは、「どうしよう……」と、誰にも相談できず、何も行動に移せないでいることです。何もしなければただリスクが増えていくだけですから、「まず冷静になって1秒でも早く今の危機を脱する行動をする」ということが大切です。

経営者が一番経営のことを考えているわけですが、問題は、「今、頭が冷静な状態かどうか」ということです。

よく経営者の方から「経営者は孤独ですよね」と言われますが、私は「当然です。皆と和気あいあい毎日楽しいなんて言っている方は、社長業をやっていない人ですから、孤独を感じるということは、きちんと社長業をされているという証拠ですよ」とお伝えします。ただし、経営危機の場合は「別」と考えた方が私はいいと思います。「1人よりも2人がよい」という言葉があります。信頼できる人にまず自分が抱えている課題をアウトプットすることで、いったん自分が冷静になれます。その上で、最善の回避策を考えると、明晰な判断ができるはずです。

私の知人の経営者は経営危機の際に顧問税理士に相談してもらちが明かず、連絡をしてきてくれました。私が「明日、金融機関の窓口に行って、その次に……」と伝えていたら、本人は、「明日じゃなくて今すぐ金融機関に電話をしてみるから待っていて」とその場でいくつかの金融機関に電話でアポイントを入れ、無事融資が受けられました。

私が「明日」と言っても「いや、今日電話する」と、いつも通りの経営者らしい本人に戻りましたが、誰も相談できる人がいない状態だと、一人でじっと考え込んで動けなくなっていたかもしれません。それほど、経営者マインドを「資金不足」という問題は混濁させてしまうことがあります。

「資金繰りが大変」というのは経営をしていたら誰でもいつかは遭遇する可能性のあることです。全く恥ずかしい事ではありません。ただ、「危機になったときにはこうする」というマニュアルを頭の中に作っておかなければ、いざというときに頭が働きません。資金繰りが順調なときに、「もし資金繰りに問題が発生したら、この人に相談をしよう」ということを決めておき、いざとなった時にすぐアウトプットをしましょう。無事解決したときにはきちんとお礼をしてください。

できる社員は相談してくれるのを待っている

経営危機に陥ると、経営者の中には「経営危機と悟られたら社員が一斉に辞めてしまうのではないか」と思い、社員に言いたがらない方がいますが、心配無用です。**すぐ社員に「このままだと経営危機だから皆の知恵を貸して欲しい」と言うべきです。**

理由は二つあります。

まず、できる社員は、もうそのことには感づいています。そしてこう思っています。「いつ社長は自分達に経営危機だと言うのだろう」「どうしてすぐ相談してくれないのだろう。信頼されていないのかな」。細かいことはわからないけれど、何か良くないことが起こっているというのは勘のいい社員はわかっています。できる社員は社長から相談されたいし、いざというときは頼って欲しいと思っています。黙っているとむしろ逆効果です。

有事の際は、普通の時とはもう状況が違いますから、一人で抱え込まず、全員が無理なら、まず優秀な社員にはいち早く会社のネガティブな状況を伝えて、一緒に打開策を考えてもらいましょう。私はフリーランスなのでよく実感していますが、一人というのは、脳みそが一つしかないのはもちろん、考えていると煮詰まってしまうことがあります。誰かと話すことで自分の頭の中が整理されて、また新しい解決法が自分でひらめくこともあります。解決への時間も短く済みますから、自分が信頼している社員にはすぐ相談をしてください。

もう一つの理由は、「鈍感な人は、何を言っても鈍感」だということです。経営危機の場合、社長が意を決して全社会議などで経営危機の話をしても、鈍感な社員は「あ、そうですか」と言って、日常業務に戻って、何事もなかったようにしています。

むしろ「経営危機だから、今日からこの費用は皆で気を付けて削減しよう」「新規の売上が取れそうな候補先をピックアップして」など、「会社が潰れないための具体的な行動」を指示してあげないと動きません。鈍感な人は、自分の給料に手をつけられそうになって、初めて顔を上げて人の話を聞きます。危機感というのは簡単には人に伝わりません。少しでも早く全社共有をして、解決方法を皆で考え、皆で対応をする、という発想で動いてください。いつ社員に伝えるか、決断をだらだらと先延ばしにしていると、優秀な社員から「もういいや」と、しびれを切らして辞めていきます。**「辞める人は辞めるし、辞めない人は辞めない」。という覚悟を経営者は持つべきです。**

第3章

借入審査で会社を正しく評価してもらうポイント

受注先・発注先へのアポイントと、金融機関等へのアポイントは違う

経営危機の際に、借入・出資してもらえる確率をどうやったら1％でも上げられるか。認識しておくべきことは、普段お付き合いしている受注先・発注先と金融機関等とは付き合い方がまるで違う、ということです。

お金を出してもらう身である以上、業界的なノリや自我を出すのは避けましょう。リスクでしかありません。「ノリや服装、喋り方、態度などがいかがわしかった」と融資の担当者に思われたら、それも審査の要素に入る可能性も十分あります。

金融機関の人が安心する振る舞い、所作は何かを想像することは大切です。

特に経営者の代理や帯同する社員がいたら事前にその旨を伝えてください。

経営者の方は場慣れされている方も多いのでこうした考えにも一定の理解はあるのです

が、社員の中には「そんな発想は古い」「外見で人を判断すること自体が偏見だ」という人がいます。でもそういう人は、日頃から失礼な所作がやはり多いのです。普段の時はそれでもいいですが、資金が枯渇していて会社の存亡をかけるような場面で自我を出して失敗したら取返しがつきません。

ラフな格好や態度で、自分の誠実さを初対面の人に印象付けるというのは、最も高度なテクニックの一つです。それができる方も知っていますが、そのような人は稀有です。ここで冒険する必要はありません。

私自身は、「意地でもスーツ派」でも、「意地でも私服派」でもなく、「状況に合わせて変える派」ですが、以前、実際に成功している(黒字が出ている)ベンチャー企業のホームページの役員一覧の写真がどのような服装で写っているのか調べたことがあります。すると意外や意外、メディアではラフな格好で出ている方たちも、ホームページ上ではスーツやジャケットで写っている人も多いのです。これは、一つには株主や初回取引の相手先など、ホームページ上の情報がファーストアクセスの方も多いだろうということもあるでしょうが、シーンによって「使い分け」をしているということだと思います。

ネガティブな予算計画を見てお金を貸せるわけがない

真面目な経営者の中には、借入の申込時に提出する予算計画書に数字を2年目まで赤字で3年目にやっと黒字転換する予定、という「超現実的」な数字を入れる方がいます。

私は「逆にこの計画書を見せられて、自分が担当者だったらお金を貸すでしょうか？」と経営者の方に尋ねます。予算計画に関しては、その活用する用途に応じてポジティブに数字を入れるか、保守的に入れるかが変わるというのが私の考えです。

借入の場合は、ポジティブな数字を入れて実際にその数値を目指すというのがいいと思います。

「そんなにポジティブな数字を入れて、もし達成できなかったらどうするんですか」という経営者の方もいるのですが、お金を貸す側は「今現在のその会社の状態に貸す」わけではなく、「未来の明るい黒字計画が達成されるだろう会社」にお金を貸すわけです。だから

「達成できなかったら」と考えるのではなく「この数字をなんとか達成させるぞ」と考えなければいけません。

金融機関の担当者も、「経営者の覚悟と気概」があるかどうかのバロメーターとして数字を見定めるという側面もあると思います。超現実的でややネガティブな自信のない数字を入れると「この数字よりさらに下回った場合に貸したお金を回収できないんじゃないか」という議論が審査会議で行われる恐れもあります。

ただし、何の根拠もなく、売上を頑張って1・5倍にします、という数字を入れても信ぴょう性に欠けます。ではどうすればいいのでしょうか。

私の場合は、「新規ビジネスを想定して、売上を追加で立てられる方法を考えましょう」ということを提案したいです。

たとえば店舗経営をしていたとすると、営業時間外の空き時間を他の用途に使って収入を得るとか、個人向けのビジネスをしている会社であれば、他に法人向けの営業も始めて年間○社契約する、と試算して追記するなど、実現可能で原価もそれほど追加でかからない新規ビジネスを考えて、売上項目などに追記していくというやり方です。

このようにして、1年目の終わりくらいで、収支とんとん、2年目の初月くらいから徐々に黒字が出る、というような予算計画を出せば、借りる側の最低限の誠意は見せられると思います。

現実的な計算根拠のある予算計画を出せば、金融機関の担当者も助かります。それくらいの考える努力はお金を借りる側はやって当たり前のことです。こういった丁寧さで最後の最後で、ちょっとした差がつくこともあります。

10社あって他の9社が適当な数字を足して予算計画を出した中で、きちんと新規のビジネス内容を考えてそれをもとに計算した予算計画を1社だけ出したら、受け取った側も、星の数ほど資料を見ているプロですから、どれが手抜きをした資料で、どれが誠意のある資料かは一発でわかるはずです。

金融機関の担当者も人間ですから、誠意のある会社をなんとかしてあげたいと思うはずです。やれる最大限の努力はしたほうがいいと思います。

過去の栄光より、未来の展望を話す

予算計画に新規事業を盛り込んだほうがいい理由は他にもあります。

担当者との面談の中に、新規事業の話を中心に未来への展望を話すことで、最終の審査会議の時に、担当者から、その時のポジティブな話題を上げやすくするためです。

きちんとしたビジネスモデルから構築された数字や展望であれば、評価も高いと思います。こうした新規案件の提案をせずに、現体制のままで「昔の良かった頃のように復活するように頑張ります」と言われても、根拠も乏しいですし、審査会議でも盛り上がりに欠けるのではないかと思います。また、自分達がきちんとしたアイデアを持っていけば担当者がそれを見てもっといい意見を出してくれる、顧客や引き合いを紹介してくれるかもしれない、という効果や期待もあります。**担当者の方を味方につけて、どうすればその方に「自分ごと」としてやる気になっていただけるか、そういった視点も大切です。**

小学生でもわかるように自分の事業を一回で説明しきれる練習をしておく

金融機関の方との借入の面談の際、事業説明などで難しい専門用語を、解説もなくどんどん話す方がいます。当然金融機関の方も一通りは調べてはいるでしょうが、その業界の細かい専門用語や仕組みまではわからない場合もあります。仮に経営者の方が「あの金融機関の担当者、最新の業界に疎そうだったから心配だなあ」と言っていたら、私は「あなたの業界の専門用語は世の中の95%は知らないのですから、あなたのほうが、相手に合わせてわかりやすく話をしないと」と言います。

営業系出身の経営者はその点は慣れている方が多く、相手が「ん？」という表情をした瞬間に「あ、すみません、○○というのは専門用語で、△△という意味でして……」と軌道修正できるのですが、非営業系の方たちは面談そのものに場慣れしていないので、相手が

「ん？」という顔をしても、自分が話すことに一生懸命でそのまま話しきってしまいます。そのため後から確認のために、担当者が「さっき言っていた、○○という言葉の意味は何ですか」というやりとりがなされるのです。

普段の打ち合わせと違って、借入というのは「自分がお願いに行く立場」です。「初めまして」の相手に自分のことをよくわかってもらうためには、よりわかりやすい自己紹介にしたほうがいいように、**自社の説明も、相手に1回で理解をしてもらえるようなシナリオを準備していかなければいけません。**

話に専門用語が多くわかりにくいと、「今日来た会社さん、説明がわかりにくくて、もう少し細かく時間をかけて調べないとだめですね」という話がなされているかもしれません。

担当者に「今日来た社長さん、私に対してすごくわかりやすく説明をしてくれたので、絶対にあの会社は審査を通るように頑張らないと」と思ってもらえるような説明を事前に練習して、本番の面談に臨みましょう。

自分が借りる立場なのに、自分本位では0点

今の時代は職場での服装もかなり自由ですが、私の場合は仕事上の服装は一応基準があります。

一つ目は「相手が安心する服装」です。

たとえばスーツやジャケットが多い職場ではそうした服装で行きますし、反対にTシャツにジーンズ、チノパンのような職場ではそれに近い服装にして「同化」するような格好で行きます。

私の仕事の場合は、特に個性を出す必要がありませんので、いかに短時間で訪問先の状況や本音を探り当てて解決案をご提案するかを考えなければなりません。そのためには「馴染む」ということが大切なのです。さも「昔から社員として存在していたようなたたずまい」にすることで、相手が安心して本音を話し始めてくれるのです。全員スーツの会社

にTシャツとジーンズとか、反対にラフな服装の会社にスーツで行くと「あの人は外部の人だ」という構えができてしまい、本音を拾いにくいのです。いかにカメレオンになるか、ということです。

もう一つの基準は会議などに出る時は「その集まりで一番正装を着てきそうな方をイメージして、そのラインに合わせる」ということです。なぜそうするかというと、経営者の方が大事な商談に社員を連れていくときに「明日は大事な商談だからきちんとした格好してきてよ」と言うのを、ここ数年非常に多く聞くようになったからです。服装が自由になった分、正装で行かなければいけない相手との商談の時に、経営者が社員の服装のことで気をそがれるというのは、とても無用なことだと思います。その時間ですら、数字を伸ばすことに集中してほしいと私は思います。

社員が「社長、さすがにTPOくらいはわかっていますよ」という姿勢を経営者に見せると、経営者も安心するのではないかと思います。

では、借入の面談に行くにはどのような服装がいいでしょうか。

基本的には正装に近いものがいいのではないかと思います。なぜなら、面談する相手がそのような格好だからです。似たような格好、そして正装に近い格好であれば、相手は第一印象として「安心」します。ラフな格好で行っても大丈夫かもしれませんが、大丈夫ではない可能性もあります。

相手の担当者が違和感を覚えるかもしれませんし、その担当者の上司などが遠くで見ているかもしれません。あるいはチェックリストの中にどのような格好で来ていたか、という欄があったりしたら、担当者は気にしなくてもベテランの部長さんが「こういう時にその格好というのは……」と指摘される可能性は0％ではありません。

考えが古い、保守的だと思う人もいるかもしれませんが、借入というのは、絶対に借入したいから訪問しているのです。**私からすると、あえてそこでラフな格好にこだわる人は、なぜそんなリスクを冒してまでそこで自我を出すのか、理解に苦しみます。**たとえ相手の価値観が古かろうが間違っていようが、借入を通さなければいけないのですから、そうしたことも清濁併せ呑む覚悟がないのかなと思います。

こちらが「借りさせていただく」という気持ちを持っていたら、そもそも、そのような発想や格好にはならないと思います。こうした細かい部分も気を付けなければ、借入に限らず、会社というのはいい状態を維持し続けられないと思います。ただ、変化球で、作業着で行ってもいいかもしれません。

「1円でも売上を上げないといけないので作業着のままで申し訳ありません」というアピールも相手には響くかもしれません。自分中心主義ではなく、いかに相手が安心し、応援してくれるためには自分をどう見せればいいか、という考え方は会社のディフェンスの部門には必要なマインドセットです。

正装というのは、面談の際に、仮に的外れな答えをしてしまったり、無知を露呈してしまったりしても、「まあ、きちんとした格好で来ているから、人としての常識や誠意はあるのだろう」と見逃してくれる役割もあります。

それがとんでもない格好で行って無知を露呈したら「無知な上にあんな格好で来て、大丈夫か、あの会社にお金を貸しても」となる可能性は十分にあります。一期一会で相手の中身を全てわかるなどということは無理ではありませんか。

初対面や2回目で相手の誠意をどこで判断するか。相手の話す内容だけでなく、外見からも判断せざるを得ないのです。

借入のシチュエーションで出すのは「個性」ではなく「誠意」です。だから確実に審査を通してもらうためだったら、全身を使ってでも誠意を示す必要があると私は思います。

マニアックな話をされると相手は逆に不安になる

借入の際の面談では、金融機関の担当者に質問をされたら、その質問されたことに「だけ」答えるのが基本です。こうした面談の時に経営者の方は、なるべくネガティブなことは言いたくないと思う一方で、ポジティブなことがあると一つでも多く言おうとしてしまいがちです。

しかし、面談というのは時間が限られていることが多いので、聞かれてもいないことをだらだらと喋っていると、面談が時間切れで中途半端な形で終わってしまうことがあります。

また、得意分野、たとえば機械の技術的なことやSNS業界の専門的なことなどを「自分は詳しいんだ」というアピールも含めて喋りすぎてしまう人がいます。普段の営業先ではそれでもいいと思いますが、金融機関ではしないほうがいいと思います。

もし私が担当者の立場だったら、「この人、自分の得意分野ばかり話しているけど、経営をきちんとしているのだろうか」と思います。

もしフリートークで話す機会がある場合は、「経営について33％、得意分野33％、その他33％」と、バランスのいい人だなと思われるような話題を意識することをお薦めします。

そうすることで、担当者も「この人は、経営者としての仕事をこなした上で、得意分野の仕事もしているのだな」という評価になります。

金融機関の担当者は、「職人」としての話を聞きたいのではなく、まず「経営者」としての話を聞きたいのです。話す順番としては、まず経営者としての計数的な話をし、その後に時間が許せば専門的な話をする、という順番にすると、トータル30分で同じ内容の話をしたとしても、順番の違いだけで受け手の印象は全く変わります。「経営者としての」、信頼度がより増すと思います。

「評判がいい」「頑張っている」は決算書には載せられない

「この商品、今すごく評判がいいんですよ」「社員一丸となって全力で頑張っていますので」。金融機関の面談で数字が良くないのにこのようなことを言うと、逆に揚げ足を取られかねません。「どうして評判がいいのに、こんなに売上が伸びていないのでしょうか」「全員が頑張ってこの数字だったら、もうこれ以上は伸びないのではないですか」。このように、「もう余力がない会社なのではないか」という評価をされかねません。

社内会議などでの会話をイメージしていただければわかると思います。

黒字会社と赤字会社の会議、両方に参加させていただいた時に特徴的なことが一つありました。それは赤字会社では数字の発言よりも情緒的な日本語の発言のほうが多くみられた、ということです。

経営者が「どうして予算が未達なのか」と部長に聞くと「え、あのー、取引先にも評判は良くて、営業部の皆も一生懸命頑張っているんですが」というやりとりが赤字会社ではなされます。そのようなことを言われたらこう思いませんか。「評判がいいのだったら、なんで売れないんだ」と。結局、質問に答えているようで、実際にはなぜ予算に未達なのかという質問に答えていないのです。

これが反対に予算を達成していたらどうでしょう。皆、聞いてもいないのに数字をじゃんじゃん入れます。「先月より150％増で、新規を5件獲得して、予算より300万円多く達成しました！」と言うのです。

金融機関で情緒的な受け答えが多いと、「あの会社は質問にきちんと答えてくれなかった」「あまり数字的な話ができなかった」となり、審査が通らない、ということが起きかねません。だからといって、「この商品は評判が最悪でしたので、今改良しています」「今まで頑張っていなかったのでこれからは頑張ります！」ということはさらに言ってはいけません。

「言われたことに対して、情緒的な言葉を使わず、簡潔に答える」ということです。

もし、新規の受注案件など、明るい材料があれば数値を使って伝えると、相手にもわかりやすく伝わると思います。

経営者がヒートアップしないために経理社員はいる

金融機関との面談で気持ちが高ぶってしまうこともあるので、「先日面談に行って喧嘩になってしまいましたよ」とおっしゃる経営者の方も意外といます。

経営者と金融機関の担当者同士のフィーリングが合わない時にそうしたことがよく起こるのですが、私もそうした場に居合わせたことがあります。

ある経営者の方と一緒に銀行の借入の面談に帯同した際、相手の担当者の発した一言が経営者に引っかかってしまい、席を途中で立とうとするまでの喧嘩になってしまいました。その時は私が仲裁してその場は収めましたが、そうならないように、なるべく横に経理担当者がいたほうがいいかと私は思います。会社の業績がいい時はこうした借入の機会も少ないと思いますが、業績が下がる、あるいは有事の時になると、こうした作業も頻繁に発生します。

しかし、事務員がいない会社だと全て経営者が一人で対応しなければならなくなります。その間にも営業に行ったりしなければいけませんから、大変な負荷になります。既にその時点でかなり日頃のストレスが経営者には溜まっているはずです。その状態で金融機関に行くので、普段なら何とも思わない言葉一つでもカチンと敏感に反応してしまうことがあるのです。

優秀な経理担当がいれば書類や連絡対応も全てやってくれますし、金融機関に同行して経営者の代わりに数字の質問に答え、経営者のフォローもすることができます。特に経営者と金融機関の担当者が揉めた時には、間に立つ人が誰もいないと、当事者同士が苦手意識を持ったまま、互いに付き合いを継続しなければならないこともあります。機転の利く経理担当者がいればその間に入り、金融機関の担当者には「実は前回訪問する直前にトラブルがあって社長もイライラしてみたいですみませんでした。しっかりした担当者の方で安心だと普段から言っているんですよ」と言い、経営者には「あの担当者の方も社長のお願いをその場で安請け合いしてしまって社内で却下されたら逆に申し訳がないので、確約できないものはできません、って思わず強く言ってしまったみたいで、私に対してもとても誠実な方ですよ」と言い、仲立ちをすることができます。金融機関との関係を良好に保つということは経営にとって大変重要なことの一つであり、決して軽視できないことです。

企業ブランディングは、取引先・顧客向けと金融機関向けの2種類ある

　できれば会社が徐々に大きくなっていくにつれて、「外部からどう評価されるか」ということも意識していきましょう。たとえば、流行を追うような華やかな業界においては、いわゆる「イケてる」人や会社と取引があるほうが、仕事の問い合わせもあるでしょうし、採用人材も集めやすいのではないかと思います。

　しかし、金融機関はそういった視点だけでは評価しません。金融機関はまず、売上先の会社の経営状態は健全なのか、そしてその売上はきちんと回収されるのか、という点を見ます。**そのため、個人より法人、法人の中でも未上場企業よりは上場企業、その中でも黒字会社と取引があることが一番資金の回収確率が高いため、会社としての評価も高くなります。**

　だからいくら今話題になっているという人とコラボレーションで仕事をして、その人に

対して大きな売上金額が計上されていたとしても、その人が法人化しておらず個人事業主であれば、「この人にもし何かあったら……」という質問が出てくるはずです。

このような質問が面談で出ると、「あの担当者、全然業界のことがわかってない」と帰り道に経営者が怒ることがあるのですが、そういうことではないのです。金融機関にとってはその人が有名人かどうかは二の次で、むしろ「業界的には普通の会社であっても黒字の上場企業」と取引実績があるほうが、お金を貸しやすいのです。

上場企業は資金が潤沢にありますし、監査体制も整備され数字も公開されているので、突然経営が傾いて、売上が回収できなくなるというリスクが少ないです。さらに付け加えれば、上場企業は内部統制上、与信管理もしているので、その会社が調査をして取引を認めている会社だから、この面談に来ている会社は大丈夫であろう、ということです。

金融機関はさまざまな角度で、「この会社にお金を貸していいか」ということを見ています。だから経営者の方は、業界向けの企業ブランディングは既にされていることでしょうが、金融機関向けの企業ブランディングも並行してされていくといいと思います。

売上先が10社あった場合に、10社とも未上場企業や個人事業主というのではなく、1社か2社は上場企業があるような売上先を構成するイメージを持たれるといいと思います。それによって、企業価値も上がりますし、有事の際にも助けになります。

最後は社長の意欲で逆転もある

会社の未来を変えるのは金融機関でもなく、取引先でもなく、顧問税理士や顧問弁護士でもコンサルタントでもない、あくまでもその会社の経営者と社員です。

経営危機の会社に初めて伺った時、経営者も社員も本当に大変だなと思いました。給与も下がり、それでいて過去のやり方を否定されて、やる気を失っているところに新しいルールややり方も覚えなければいけない。見ている方もつらかったです。経営者の方が思い詰めなければいいなと思って心配しました。だから私は「窮地の今こそ無理してでも社長は頑張らないと」とは言いません。私も「これ以上頑張れない」という経験もありますから、しんどい時に頑張れと言われたら心が折れてしまいます。

周囲の人ができるのは「課題解決をする方法を提示する」までであって、最後は経営者が決断することだと思います。やれることまでは手配をして、その結果が出て、その上で経営を続けるか続けないかは、経営者ご自身で深くお考えになることです。

もし「やる気あります」ということでしたら、地道に努力をしていれば、協力してくださる方はどこかで現れると思います。

仮に金融機関が難しくても、その一生懸命な姿を見た方や個人投資家の方が、そのプレゼン内容で、いくらか出資してくださる、ということがあるかもしれません。

知人の経営者も、決算書の数字上、その条件だと融資の審査自体が機械的に受け付けられない、と多くの金融機関に言われてもあきらめずに、誠実な事業計画書を作り直して10社近くまわり、情のある担当者に巡り合うことができました。そして、その担当者が「機械的な審査では確かに落とされてしまいますが、一度上司と掛け合ってみます」と交渉してくれ、会社への実地訪問や面談をクリアして、無事融資を受けられました。

可能性が0でない限りは、最後まで粘りましょう。

ご参考に私の経験上、外部からパッと見てわかる、「潰れない職場」と「潰れる予兆のある職場」の違いを例示します。これは、金融機関や初回取引の取引先が「一度オフィスを訪問したい」と来社した際にもいい印象を持っていただくためにも大切なことです。

まず潰れない会社では、オフィスに一歩足を踏み入れると、ピリッとした清々しさが第一印象として感じられます。空気の流れも淀むことなく動きがあります。また、オフィス内部の傘立てや給湯室も整理整頓がされています。観葉植物も土が湿っていて、葉っぱにほこりがかぶっていることはありません。潰れる予兆のある会社のオフィスでは、これらのことができていない傾向にあります。

潰れない会社には「幸運をもたらす社員」がいます。傘立てを整理してくれ、植物に水をやり、給湯室のちらかりをさりげなく片付けてくれる社員。きれいに整理整頓されている職場の経営者の方も、それを誰がいつもやってくれているのか、即答できるでしょうか。

今挙げたことというのは、全て、「それをやったところで給与が上がるわけでもない」ことです。多くの社員は、自分の給与に関わるところには敏感ですが、関わらないところには無関心です。**しかし、外部の人達はむしろそうしたところに最初に目が行き、それを会社全体の第一印象としてしまいます。**「幸運をもたらす社員」というのはそれがわかっています。だから自分のことだけを考えるのではなく、職場の雰囲気づくりや周囲へのフォローなど、「会社全体」のこと、そして「外部から自社がどう映るか」ということを日頃から考えてくれています。それが「職場の空気」につながります。そしてその気遣いが、良い取引相手、良い審査結果をもたらすのです。

このようなことを陰ながら地道にしてくれている社員に気付き大切にすることが、会社を潰さないコツの一つです。

第4章

会社を潰す税理士、潰さない税理士

どのような税理士を選べばいいのかわからない

いくつか仕事で担当させていただいた、「潰れそうになった」会社の顧問税理士は皆「名ばかり税理士」でした。

華やかなキャリアを謳っているのに、いざというときに何も相談に乗ってくれない税理士、怪しいグレーゾーンの仕事にばかり精を出している税理士、やり方に文句があるならお前が全部やれ、と社員を恫喝する税理士……。私の会社員時代にはそのようなことがなかったので、初めは「名ばかり税理士」に遭遇すると「この会社はたまたま悪い税理士に当たってしまったんだな」と思っていました。しかしだんだん「結構多くない……?」と見方が変わってきました。たまたま自分はいい先生に当たってきたのだ、と思うようになりました。

でも税理士は経営コンサルタントではありません。「名ばかり税理士」でも違法ではないですし、「社長、このままだと潰れますよ」などと注意したりアドバイスしたりする義務もありません。そのようなことを税理士が言ってむしろ逆ギレする経営者もいるかもしれません。

一方で、1カ月に1回は巡回訪問をして、経営者や事務担当者の悩みや相談を聞いてくれたり、コンサルティングをしてくれる税理士もいます。

だから税理士といっても、振り幅がものすごく広いのです。しかし顧問料にそれほど変わりはありません。むしろ名ばかり税理士のほうが会社はふっかけられて多く支払っているケースもあります。

経営危機にあった経営者に「なぜもっと税理士に動くように言わなかったのか」と聞くと、「税理士って、他の税理士の先生を知らないから、うちの先生みたいな感じが税理士だと思っていた」と全員が言っていました。「税理士といっても千差万別なんですよ」と私が言うと「どういう税理士がいい税理士かどうかなんて、わからないんですよ」と皆が言っていました。そこへ先日、節税と称して税理士の言うままに赤字の決算書にしてしまっていたために逆に融資の審査に落とされてしまった話を聞きました。

その会社の経営者の方が「どういう税理士の先生がいいのか、周囲の経営者に聞いても皆よくわからないと言っていたから、もしその区別の仕方があったら、今後は自分のような目に遭う人が減ると思います」と言うのを聞いて、僭越ですが税理士の先生についてこの章では取り上げたいと思います。

確かに、経理の実務をやったことがある人であれば、きちんとした税理士かそうでないかはすぐ判別がつくのですが、そうでない人はわからないのだろうな、と思いました。そして顧問税理士は誰かの紹介で契約することも多いため、そんな変な人ではないだろう、と思うのでしょう。

ただし、経営危機にある会社の顧問税理士は全員「名ばかり税理士」だったことは、会社の数字と相関性はあると思います。**逆に言えば、いい税理士の先生を見つけて経営指南をしていただければ、経営危機に陥る確率はぐんと減るはずです。**

この章では会社を潰さない税理士の条件とは何か、ということを考えていきたいと思います。これを読んで、今の先生ではだめだと思ったらいい条件に当てはまる先生に替えてください。「会社を潰さない税理士の先生」に契約を切り替えるだけで、経営を立て直すアドバイスをいただけて、業績も劇的に回復する手助けをしてくださるかもしれません。

経営者が困った時に、その税理士の本質が現れる

税理士の先生に限らず、誰でも身の周りの人が窮地に陥った時に、対応の仕方でその人の隠れていた本質が現れます。

一般的な税理士事務所であれば、おおよそ1カ月から3カ月に一度くらい、税理士の先生かそのスタッフが会社を巡回訪問し、会計データのチェックをしたり、代行入力をしたり、「最近会社の調子はどうですか」、というような話や、新しい税務に関する情報提供などの話をして帰っていくというパターンが多いと思います。しかし、経営危機で私がヘルプに入った会社さんの経営者や経理スタッフは、どの会社でも同じことを言っていました。

「いつも連絡がとれない」「留守電に入れても、折り返しの連絡が3日後とか1週間の時がありますす」「来てください、とお願いをしても、電話口から面倒くさそうな感じがわかったんですけど、無理やりお願いしてこの間1年ぶりに来てもらいました」。

まず、こういう方だったら、すぐ契約は変えた方がいいです。ただ、大きな税理士事務所の場合は、その人だけがそうかもしれない、という可能性はあるので、その場合は税理士事務所の代表社員の先生に一度ご相談して、担当者を代えてもらう、という方法もあります。

一般的な税理士の先生であれば、連絡をしたら、まず一両日中に何らかの返信はあります。忙しい場合でも「今立て込んでいるので、明日改めて連絡していいですか」という連絡がきます。居留守を使うような方は普通ではありません。そして、「来てほしい」というレベルの大きな相談であれば、まず嫌がらず会社へ訪問してくれます。ただし、確定申告の時期など繁忙期は、すぐ訪問することは難しいかもしれません。ただそうしたときも、きちんとした理由を説明してくれるはずです。もちろんこちらから事務所に伺ったら快く迎え入れてくれます。

契約が始まる前になかなかこういうことはわかりにくいかもしれませんが、予防策として、今書いたような「巡回で訪問はしてくださるんですか」「緊急の時はすぐ電話で相談の乗ってくれるんですか」など、事前に積極的にできることとできないことの確認をしましょう。また、巡回訪問をしない代わりに、月額の顧問料を安くしている税理士の先生もいらっしゃいます。

税理士の本業はコンサルタントではない

税理士の月額顧問料は、大企業を除けば、だいたい月額数万円前後というところでしょう。

一方で、外資系の経営コンサルタントなどは、最低でも月額数十万円以上だと聞きます。実際に外資系コンサルに勤めていた知人とランチをしたときに、「自分みたいな若造がちょいちょいっと月に1回訪問してその会社の会議に出て喋って、それで数十万って、いいんですかね」と言っていました。それに対して私は、「値段が高いコンサルタント会社に自分の会社は見てもらっているんだから、うちの経営は大丈夫だ」という安心感が得られるんじゃないかなという話をしました。

知人の経営者が「私の顧問税理士も、周囲の経営者仲間も、税理士の先生からはいつも全然連絡が来ないと言っている」と言っていたのですが、それはそうで、月額数万円の顧問料ですから、税理士事務所でも一人のスタッフにつき、最低数社、多いところだと数十社担当しないと経営上ペイしないので、毎週「どうですか」などと顧問先に電話をかけている時間はないと思います。

税理士の先生に関しては、わからないことや聞きたいことがあったら、受け身ではなくて、自分達から連絡をするのが一般的です。普通の税理士事務所であれば、すぐ返事がいただけるはずです。

むしろ最初にある程度の質問をしてくれたほうが、その質問内容のレベルによって「この会社の社長さんやスタッフさんは、このレベルまではわかっていて、ここからは難しいのだな。だからこのレベルの部分をフォローして差し上げればいいのだな」ということが税理士もわかり、お互いに効率的で抜けのないコミュニケーションが可能になります。

確かに税理士や税理士事務所のスタッフの方たちとの付き合い方は、私は慣れてしまって当たり前だと思っていましたが、言われてみれば少し独特なのかもしれません。

いい税理士は人脈を駆使して「会社を潰さない」

私は「いい税理士」の条件の一つに、「人脈」を挙げたいと思います。

昨今のような外的環境の影響による危機的な経営状況で、既存のクライアントを突然失ってしまったような時に、新規で顧客を開拓するといっても、やはり時間がかかることも多いと思います。そのような時に、人脈の広い税理士の先生だと、自分の顧客先の中から、新規の取引につながりそうな候補先をピックアップして紹介してくれることもあるかもしれません。あるいは、資金調達が行き詰ってしまった、という時に、個人投資家候補などを紹介してくれることもあるかもしれません。

たとえば当面3カ月、売上が0円になるからどうしよう、となっても、人脈のある税理士先生であれば、「仕事」、つまり売上になるものを紹介してくれる可能性もあるわけです。人脈を持っている税理士の先生は「自分のクライアントを潰さない」センスを持っています。

自分と同世代、共通点のある税理士だと相談しやすい

私が倒産しかかった会社で出会った「名ばかり税理士」の方たちは、高圧的に経営者に接している方ばかりで、経営者が「はい」と鵜呑みにされているような関係性でした。洗脳されていたような状態で、普段どのようなやりとりをしているのかを聞いた私が「この先生は少しおかしいですよ」と言って初めて「そうなんですか！」と驚く方ばかりでした。

ある会社では、経理担当の社員にヒアリングをすると、「私は先月から手伝いに入った派遣社員なのですが、この会社の経理の仕訳処理のやり方がおかしいのではないかと思って税理士に質問しただけなのに、『だったら、お前が全部やれよ！』と社長もいるところで恫喝されました」ということがありました。

経営者はただ横で黙って立っているだけだったというので、経営者に「どうして騒ぎを止めてあげなかったんですか」と伺ったら「いや、税理士って国家資格だから税理士の言っ

ていることが正しいかなと思いまして……」と。

私はその税理士に「少しお話を伺いたいのですが」と何度も電話やメールで連絡をしました。しかしその度に「お互い忙しいでしょうから結構です」と逃げられたので、最後仕方なくオフィスまで伺ったのですが、居留守を使われました。

経営者があまりにもバックヤード系の知識を知らないと、すぐこのようなモラルの人達が寄ってきます。こういった税理士が普通ではないことは経理の実務経験が1年でもあればすぐにわかることですが、経営者に関心がないと、気づかないのです。

私の一つの提案としては、経営者もしくは社員と同世代の税理士の先生というのもいいと思います。

年代に限らず共通点のある人のほうがフランクに話をしやすいので、そういった基準で選ぶことで、お互いに仕事や質問もしやすくなるのではないかなと思います。

ＩＰＯなどを目指すなら税務調査の強い税理士事務所を選ぶ

ＩＰＯ（株式上場）など、透明性の高いパブリックカンパニーを目指したいということでしたら、税務調査に強い税理士事務所と契約したほうがいいかもしれません。

税理士事務所のホームページなどに、顧問として「国税局や税務署長のＯＢの先生がいます」という紹介や記載があれば、税務調査対応に力を入れている事務所といってもいいでしょう。

私も会社員時代に税務調査を受けたことがありますが、世間から見て目立つ会社や、ここ数年急成長して皆が知っているような会社などは、税務調査が入りやすい傾向があります。それは、きちんと税務調査をしている、ということを国民に認知してもらいやすい、という側面もあるようです。

税務調査の場合、「解釈」の違いで、その計上方法が「正しい」か「正しくないか」という駆け引きになる場合があります。そのような時に、元国税局や元税務署長といった方などを抱えている事務所は交渉力を持っていますので、両者が納得する形で税務調査を終える落としどころを見つけてくれやすいです。

特にＩＰＯ準備期間、審査期間はデリケートな時期ですが、まさにそういう時に税務調査が入る時もあります。経営者の方は、会社のリスクヘッジとして、こういった面からもどのような税理士事務所とタッグを組むか、ということを考えるのもいいと思います。

前述に「同世代の税理士の方にお願いをするのも一考」と書きましたが、**この場合に限っては、どうしても経験値が豊富な方が有利になります。**

たとえば、20代の経営者の方は、最初は同世代の税理士の方に税務顧問をお願いし、数年後ＩＰＯの準備段階や、管轄が国税局になる、という規模のタイミングで、最初の税理士の方には社外取締役や社外監査役などにスライドしていただき、そして新たに税務調査に強い税理士事務所に税務顧問を引き継いでいただく、という発想も一考ではないかと思います。

将来どういう会社にしたいのかを明確に税理士に伝える

一方的に税理士の先生について述べてきて心苦しい面もありますが、今まで税理士の先生の著書で、「こういう経理はダメだ」「経理社員は要らないから税理士に任せなさい」という本は実にたくさんあったのです。それによって経理の地位が軽視されてしまい、多くの経営者が経理社員を「ただ単純な処理をするだけの人」と誤解をし、大きく雇用を減らしてしまいました。しかし、結局それがブーメランとなって今税理士業界に跳ね返ってきているると思います。なぜなら税理士の重要性を一番わかっていたのは、「経理社員」だったからです。

経営者の中には「毎月税理士と契約しなくても、税務申告と税務調査の時だけスポットでお願いすればいいんじゃないの」という方もいます。その時に「毎月数字を見てもらっていないと全体的なアドバイスもいただけないですし、もし私が間違った処理や不正をしていたらどうするんですか。ダブルチェックをしてくださるプロの方がいないと……」と、経理スタッフが経営者に税理士の大切さを進言する会社はたくさんあります。それで「そうなの？　じゃあ顧問契約を続けないとね」となることも実際によくあります。そう言ってくれている経理社員を「要らない」と切ったら……その先はおわかりでしょう。

税理士と経理は本来なら協力、協調して経営者を支える役割であると私は思います。

そして経営者は、税理士に「お任せ」ではなくて、自分が会社を5年後、10年後、どのような会社にしたいのかを明確にして、それを税理士に伝えなければ、税理士も顧客が望むようなサービスを提供できないと思います。現に「とにかく1円も税金払いたくないからさっ」というような経営者もいます。そのような経営者に、パブリックカンパニー向けの税理士事務所を紹介しても、価値観がアンマッチです。

5年後、10年後も変わらずオーナー会社として、節税もしながら、規模をそれほど大きくせず皆仲良く地道にやっていくのが理想なのか。それとも、会社を大きくして海外進出、IPOなどをしていくことが夢なのか。経営者それぞれのビジョンがあると思います。それをまず税理士の先生に伝えてください。税理士事務所側も自分の事務所で引き受けた方がいいか、それともほかの税理士事務所のほうが向いているかなど、アドバイスしてくださると思います。

節税第一主義になると会社の業績が逆に悪くなることがある

「節税」。

私の中では、節税は、一人や数名規模の会社運営をしていく分には特に問題はないと思いますが、社員が数十名以上の規模になれば、「とにかく節税優先」という姿勢が、長期的に見て悪い方に出てしまうこともあるのではないかと思っています。

伸びている会社とそうでない会社を比較すると、数字が伸びている会社は、税理士から「こうすれば節税できます」と言われて、経営者が「なるほどそうなんだ、じゃあお願い」というレベルでやりとりが終わるのですが、数字が伸びてない会社は最初から「いやあ、先生、何か節税できないですか」と経営者が節税頼みになっているのです。

売上や利益を伸ばすことがなかなかできないと「自分は損をしたくない、税金を払いたくない、会社も潰れたら困る」という発想で頭が支配され、視野が狭くなり利己的なマインドセットになっていきます。

「節税」が、「逃げの材料」になっていくのです。

経営者が節税にこだわりすぎると「一体何のために会社を経営しているのか」、という軸が揺らぎ、結果赤字になって節税そのものができない、という事態になった会社を見たことがあります。

「節税の前に売上に集中」、「健全な経営」、「健全なお金とのつきあい方」が結果的に長期間数字の出続ける「潰れない会社」になると思います。

そして税理士の先生を単に「節税対策をしてくれる人」として見るのではなく、先生方は顧問先を数多く抱えているわけですから、客観的に他の顧問先と比べて自社はどう映っているのかという意見を聞いてもいいのではないかと思います。特に経理スタッフがいない会社、個人事業主の方は、自分だけで主観で数字を見るよりも、数字のプロの意見も聞いて答え合わせなりディスカッションをすることで、計数感覚をさらに研ぎ澄ますことができます。

税理士から見る「顧問先を潰さない税理士」

私の考えだけでは偏りがあるかもしれませんので、私が信頼している税理士の先生方に、いい税理士の条件などを伺いました。これらを参考に、今の顧問税理士の先生がふさわしいのかどうか、基準にしてはいかがでしょうか。

顧問先を潰さない税理士

・税金という専門分野以外でも親身に寄り添う
・資金繰りの相談ができる
・弁護士や社労士の紹介ができる
・税制改正等の新しい情報に敏感である
・税理士は「よろず相談される」という認識がある

・顧問先のステージに合わせることができる
・金融機関等を顧問先に紹介できる

顧問先を潰しかねない税理士

・顧問先を親身に取り扱わない
・顧問先の全体像を把握していない
・顧問先を部下のスタッフ任せにしている
・電子申告の時代なのに紙で申告をしている
・税金計算はできるが決算書を読み解けない

「顧問先を潰さない税理士」の欄を見ていただければわかると思いますが、いい先生は、今多くの方が懸念とされている資金繰りの相談や金融機関等への紹介ができます。経営者の方が社内では相談できないことを、親身に相談に乗ってくださいます。

ただ、それは先生がその会社の中身を把握しているからできることです。「そんなの、知ってくれているんじゃないの?」とお思いの経営者もいるかもしれませんが、税理士事務所も顧問先がたくさんあります。「忙しいから代わりに見ておいて」とスタッフレベルに任せきりとか、「税金計算だけの契約だから」と、機械的に処理している先生もいるかもしれません。そのような先生に突然「助けてください！ 資金繰りが持たなそうなんです！」と電話をかけても、「えっと、御社は何の事業をされていたんでしたっけ」というくらいに、認識がないということもありうるのです。

私の恩師でもある税理士の先生にも伺いましたが、「会社を潰す税理士は、一年の結果の税務申告書の作成を仕事とし、納税が少ないほうがいいと勘違いしている税理士です。きちんと毎月の自計化を指導し、更には予算策定を推奨し、予実管理を実施させ、資金繰り表までを作成指導し、会社の現状や来期以降の予想からアドバイスができるのが、望ましい税理士です」とおっしゃっていました。**だから会社を潰さないためには「会社を潰さない税理士」と「会社を潰さない経理社員」の両輪が会社には必要になるのです。**

好景気の時はそれほど差がわからないかもしれませんが、不景気になると、いい税理士の先生とそうでない先生の差がはっきり出ます。もちろん一番の責任は会社にあるのですが、「いい税理士の先生と契約していたら、こんな危機的状態になるまで会社を放置していなかっただろうに」という会社を見ると、どのような税理士事務所と契約するかというのは、「会社を潰さない」という観点からすると重要であると思います。

第5章

カッコいい経営戦略よりも、まずは負けない経理戦略

経営と経理

経営そのものを登山に例えたら、経理は自分達が現状どこにいるのかという位置を正しく示すコンパスであり、そしてこれから前進するルートを決めやすいように判断材料を提供する役割ではないかと思います。隊長である経営者が、少しでも安全、確実に前進するためにサポートをする、それが経理の経営に関する役割の一つではないかと思います。

裏山に登って遊ぶくらいであればノープランで楽しいかもしれませんが、会社の経営は基本的には生死のかかる冬山登山ですから、数字を知らず経営を始めるというのは、ノープランで冬山に入山しようとするというくらい恐ろしい発想だと私は思います。

経営者と経理との関係性における役割の上位は次のようなものが挙げられます。

❶経営者が欲しがる数字、指標の把握、提供
❷経営者の計数感覚のバランス維持

❸リスク発生時の費用換算
❹資金繰りの確認

❶経営者が欲しがる数字、指標の把握、提供

経理担当者は経理の立場での「会社が大事にすべき数字や指標」を各自持っていると思いますが、それと同じように経営者は経営者としていち早く知っておきたい数字というものがあります。

それは経営者の方によって千差万別、全て違いますので、まずはその経営者の方の普段の口癖や頼まれる指標、現場とのやりとりの中で生まれる会話の中から**「経営者が求めているだろう数字、指標」を洗い出して、都度経営者に伝える、ということが経営者にとってありがたい経理であることでしょう。**

たとえば基本的な数値である「売上高」「営業利益額」「原価率」「粗利率」「部門別各数値」など、試算表をベースにした数値の前に、「担当者別売上高」「アイテム別売上高」「支店別売上高」などといった、速報値が出やすい現場管理用の指標は、一日でも早く把握し

てその日のうちにすぐ自分から新しい指示を現場へ出して営業活動に活かしたい、という経営者の方もいます。「自分がもし経営者だったらどのような速報値を知りたいだろうか」と想像してみるとわかりやすいと思います。

もし、まだそこまで想像できない、経営者の真意を汲み取れない、ということであれば、社内の担当者同士で、経営者の欲しがる指標は何かということを話し合ってもいいですし、率直に「社長の知りたい指標のベスト3を教えてください」と尋ねてもいいと思います。

❷ 経営者の計数感覚のバランス維持

経営者の中で、少なくとも数年以上経営をされている人で計数感覚のない方というのは見かけません。これは物理的に計数感覚のない人が起業をしたら1年以内にほとんどが行き詰ってしまうからだと思います。ではなぜ3年目、5年目など途中から経営が傾き始める会社があるかというと、最初は正しかった経営者の計数感覚のバランスが数年経過してズレ始めるということが起こるからだと私は思います。

経営の根幹の一つというのが「数字」ですから、数字を専門に見ている人達との定期的なコミュニケーションや意見交換というのは、経営者にとって計数感覚のバランスが維持できているかという確認のためには大切です。**特に経営者と経理で数字を揉んだり話し合ったりという時間はセルフチェックよりも計数感覚のズレを簡単に気づくことができるので大切にして欲しいと思います。**

ポイントの一つとしては「経営者が欲しがる数字や指標＝売上や利益が上がるための数字や指標」になっているか、ということです。特に赤字になればなるほど、経営者の方は不安に陥り、その原因がわからないと、いろいろな指標を算出するように経理や現場の部長などに指示を出します。赤字の会社ほどいろいろな指標が多いのです。そのための作業で営業社員が営業に行けない、経理社員が日次業務をできない、という本末転倒な悪循環が繰り返されていくこともあります。「なぜその指標が欲しいと思われたのですか」「この指標とあの指標とは被っていませんか」「この指標は改善されたので、もう当面必要ありませんよね」といったように、経営者が欲しがる数字、指標も「その時に本当に必要なもの」だけに都度改廃して最小限の数に絞ったほうが、私はいいと思います。指標が多すぎると皆その資料に見入ってしまって動きが遅くなる、あるいは指標を作ったことで満足して何も行動を起こさない、という傾向もあるからです。「迅速な動きをするために指標が欲しい」という前提がひっくり返らないように気を付けていただきたいと思います。

❸リスク発生時の費用換算

リスクの洗い出しで大切なのは、「そのリスクが発生したら実際にそれがいくらになるのか」という点です。経営者と社員の会話で、

社員「社長、このままだとうちの会社は補償で大変なことになります！」
経営者「そうなるとうちの会社はいくら損害を受けることになるの？」
社員「わかりません！」

というやりとりが散見されることがあります。

経営者はリスクといっても、その金額がいくらかによって、大リスクなのか小リスクなのか、そして経営方針や業務指示を変える必要があるのかないのかを判断します。だからリスクを数字に換算してくれないと経営者は判断のしようがないですし、指示の出しようがありません。一方で、現場の社員は仕事でリスクが発生すると焦ってしまい、オペレーションを事故なく終わらせることに必死で細かい数字のことは後回しになってしまうこと

が多いのです。

そういった時に、経理担当者がサポートに入って、そのリスクが追加費用や賠償金、裁判費用など、どういったものがかかるかといったことの洗い出しや、修繕費などの類のようなものであれば、相見積もりの取り方などを現場社員に指導する、といったことなどをしてあげると迅速に実際のリスクに係る概算金額が判明します。特に若手の現場社員などはリスク発生の経験値が少ないので、こうしたサポートは必要になります。

迅速にリスク発生による概算金額を算出して、経営者に遅滞なく報告をする。それによって経営者がいち早く会社としての経営判断ができ、リスク対応の指示を出すことができるわけです。

❹資金繰りの確認

「資金繰り」は経理の仕事の中でも、その会社の状況によって重要度のレベルが1か100かくらいに変わります。「黒字でかつ資金が潤沢にある」環境下では、月次決算が終わってから落ち着いて作成したり、10日か半月に一度程度の頻度で更新をしたりして、経営者が時間のあるときに状況を報告する、といったレベルでも特に支障はありません。しかし、それ以外の「資金があっても赤字」、「黒字であっても資金不足」、「赤字かつ資金不足」での環境下では、都度状況が変わるたびに資金繰り表を更新し、経営者とも状況や危機感を日々共有していくことが必要になります。

実際の資金繰り表に関する仕事は、一通りの実績値や予測値を反映させるという「作業」に加えて、それをもとにどう対処していくのか、というところまでが本来の仕事になります。

資金繰りを少しでも良くするための具体的な施策ができるかどうかの擦り合わせを経営者と経理で行い、決まった内容を各現場担当者へとアナウンスします。

たとえば経営危機の際に資金繰りを少しでも良くする主な施策としては、

・売上先に入金サイトを早めてもらえるか交渉する
・支払先に、支払日を遅らせてもらうことができるか交渉する
・各費目の経費節減
・会社が利用しているサービスの停止の検討
・金融機関などに融資の条件などの問い合わせ

・人件費を今後どうするかの確認（給与、賞与等）

などが挙げられますが、当然リスクもあります。

取引先からは「この会社危ないんじゃないか」と思われるリスクはありますし、社内からは「うちの会社危ないのかな」と思われる可能性もあります。

ただし、会社が潰れてしまっては元も子もありませんし全ての人が不幸になります。だからこそ最小限のリスクや痛みで資金繰りを安定化させることができるか、優先順位をどうするかということを経営者と経理で意見を出し合い、慎重かつ早急に対応を決めていく必要があります。

経営者も資金繰りが苦しいと眠れないでしょうが、経理担当者だって眠れないのです。資金繰りの愚痴を同僚に言ったら大変な騒ぎになるので、誰にも言えず心に抱えます。以前、そのことを本に書いたら、読者から「私も経理担当で、前職で資金繰りが苦しくて毎日とてもつらかったので、自分だけじゃなかったんだ、と安心しました」と連絡をいただきました。それくらい、会社のお金でも「自分のお金のごとく」経理担当者は心配し、会社や経営者、現場社員の行く末を心配するものなのです。経営者は資金繰りが苦しいときこそ、その状況と対策を、随時経理担当者には共有していただきたいのです。

平時と有事の経理の仕事

経理のマインドセットを平時と有事のワードを使って言うのであれば、「平時でも、有事のように備えておく」ということに尽きるのではないかと思います。なぜかというと、経理が特に必要とされる状況、つまり有事というのは「いつ起こるかわからない」からです。そして「有事こそ平時のようにふるまう」ことが経理には求められるからです。

有事が会社の数字を押し下げる要因というのは、二種類あると思います。

有事にも2パターンある

内的要因の有事：数字を持っている人が辞める、商品・サービスなどのトラブル、等

外的要因の有事：天変地異などの災害、テロ・戦争・疫病等の人的な有事、消費行動の急速な変化、等

内的要因の有事というのは、経理だけでなく、経営者や現場でも、自分達の力で「なんとかできるかもしれない」ものです。

一方で、外的要因というのは、一般的には不可抗力、いわゆる「自分達の力だけではどうしようにもないこと」です。それに備えるためにはどうしたらいいのか。**答えは一つしかありません。「毎日備えていること」です。**

営業が毎日そのようなことを考えながら営業活動はできませんし、エンジニアが毎日そのようなことを考えながら開発業務などできません。経営者も同じです。でも「誰かが」それを毎日考えていないと、外的要因で有事が起きた際には会社は何も対策を打てずにあっという間に潰れてしまいます。そうならないように、毎日有事に備えているのがバックヤードの部門であり、特に数字に関わる部分であれば経理がそのガード役を担う、ということです。

経理に限らず総務人事、経営企画、CFOなど、人件費や資金調達など、数字を扱う部署では「恒常的な危機感を誰に言われずとも持てるかどうか」というのは、「適性」という意味ではかなり重要であると思います。

前述の職種では「攻撃性」があるキャラクターの人は活躍できないケースが多いです。その理由はこの「適性」の部分が大きいと思います。攻撃性のある人は備えを軽視する傾向が非常に強いです。「有事なんてあるわけがない」「こんなこと誰も予見できない」「そんな地味な仕事、自分の仕事ではない」。特に最後の部分が本音の方が多いです。そういう人は自分が目立つことや、経営者や現場より前に出ようとすることばかりを考えて、実際に有事が発生したときに、経営者や現場、そしてバックヤードの同僚達を、すぐ裏手に廻って黒子として支えることができません。有事が発生した途端に、どこかへ転職していってしまいます。

経営者の方は経理をはじめとしたバックヤード系の人選においては、学歴、社歴、資格の有無なども大切ですが、それだけにとらわれず、**その人の人間性が謙虚かどうかを正しく見極めてください。**

経理の仕事というのは、平時と有事はマインドセット的には何も変わりませんし変わってはいけません。「もし何かあったら」という有事のほうに常に合わせます。そして有事が発生した場合には、前述した資金繰りなど、作業の優先順位を入れ替えて、「平時と変わらない迅速さで危機的状況に対応する」ということです。それを日頃から心掛けておけば、有事でも実際にそれほど大変な負荷はかかりません。有事であっても平常心でいられるわけです。

有事が発生したときに経理社員が「うちの会社潰れる！」と大騒ぎしたり、顔面蒼白で作業をしたりしていたら社内は余計にパニックになります。

有事の際でも平時のように経営判断の指針となる資料や提案を経営者に迅速に提供し、仲間である同僚達には冷静な発言や行動を促すというのが、有事における経理の最も重要な役割、振る舞い、仕事であるといえます。

反面、優秀な経理の方は基本的には謙虚ですから「自分はこんなにすごいんだ」などとアピールはまずしません。つまり皮肉ですが、自己アピールをしないということは経営者から見ると一見目立たないので、経営者が経理そのものに興味がないとその人は出世とは相反してしまうこともあります。「優秀な数字の参謀」を引き留めておけるかどうかは、経営者の「数字に対する興味・関心」にかかっているということです。経営者がいつも派手なことばかりに気を取られていると、そのようは優秀な経理も潮目を見て離れていき、そして数字も下がっていきます。「そう言われても、経営者一人で全方位を見るのはなかなか難しい」ということであれば、現場系と管理系の2人の代表による「ツートップ体制」も望ましいのではないかと思います。それによって、管理系の地道な仕事をしている社員も登用される道が確保され、優秀な社員の定着率も高まると思います。

誰もが持つべき経理的マインドセット

経理社員に限らず誰もが経理的なマインドセットを備えることによって、自分の仕事ぶりが経営者からも評価され、そして経営者と同じ目線の高さで、会社や自分の仕事について客観的に見ることができるようになると思います。

まず職種上、売上が立たない方たち、たとえばバックヤード部門などに関しては、個人別や部署別の売上や利益は出せないので、会社全体の最終損益で自分の仕事を判断します。

黒字であれば、「自分達がいることで、経営者や現場に売上や利益を立てるための環境作りをサポートすることができた」と判断していいでしょうし、反対に赤字であれば、そういった環境作りをサポートできなかった、と反省して、次年度どうするか、ということを目標として定めればいいと思います。また、「前期も今期も赤字」という会社であれば、前期と今期の差額の数字が改善されているかどうかで判断すると良いでしょう。

私の場合も、自分が契約させていただいた「前」と「後」のクライアント様の最終損益の差額が、私の報酬額より上回っていれば、私がいる意味はあった、と理解しています。「自分達はコスト部門だ」という意識ではなく、「自分達が活躍することで利益がより膨らむ環境を経営者や現場に提供することができる、そういう職種だ」という意識を強く持ったほうがいいと私は思います。

多くの経営者の方は、「売上を持たない職種の人員を増やすと単純に利益が減るのではないか」というバイアス（偏見）がかかっています。しかし実際には違います。

「バックヤードの採用を今回二人したのに、利益は去年より今年のほうがむしろ上がっている」ということも実際には多いと思います。それは実際にバックヤードが強い会社は現場が仕事により集中できることが明白だからです。売上を持たない職種の人達は会社全体の損益を常に意識をしていることで経営者の目線の高さと合致していくと思います。

対して、売上を持っている職種の方たちですが、私はその会社の損益というよりも、「もし、今の状態で自分がフリーランスになったら、一体いくら稼げるのか。赤字にならないためには自分の給料はいくらにしなければいけないのか」ということを日々意識すると、経営者の目線の高さと合致していくのではないかと思います。

経営者の方のほとんどは、いわゆる一人でも十分やっていける人ばかりです。つまり自分で営業をして仕事をとってきて、作業をして、納品して、請求書を作って入金されたお金で自分や自分の家族くらいは養っていけるレベルの方たちです。

それをあえて、会社組織にして経営をしていると私は認識しています。だから売上を持っている職種の社員に対しての目線が厳しめになりがちなのも「もし自分だったらこうするのに」と、自分と社員とをつい比較をしてしまうからだと思います。

仮に、集中して仕事をしている背後から「今月は20万円分の案件の仕事しかしていないのに30万円の給料をもらっている……」と、経営者からぼそっと言われて立ち去られたら、「ひどい！ こんなに一生懸命やっているのに。このハラスメント経営者！」と思い、塩を撒くことでしょう。ただ、もし自分がフリーランスだったらという前提ならどうでしょうか。「確かに今月は20万円分しか作業をしていないのに30万円の給料を自分がもらったら赤字だよな。諸経費もあるから本来は10万円くらいしか自分の取り分はないのか」となるのではないでしょうか。

すると、10万円では生活ができないので、「単に一生懸命やっているだけではダメだ」と考えて、単価を上げて値段交渉してみようとか、効率的に仕事をこなして仕事の量を増やそうとか、「稼ぐため」にさまざまなことを深く考えて、いろいろな案が浮かんでくると思います。

それが経理的な発想であり、経営者が求めているマインドセットだと思います。

そういった「意識」を持って働いてほしいということを経営者は望んでいるのだと思います。

皆それぞれが経理的なマインドセットを活用して、経営者と社員間のコミュニケーションが円滑になり、全員が同じ経営者の目線の高さで「稼ぐ組織にするにはどうしたらよいか」ということが社内全体で共有できると、会社の数字も自分の評価も上がっていくのではないかと思います。

財務戦略だけでは経営は維持できない

近年、経営から「経理的視点」がすっぽり抜けてしまっている会社が増えた気がします。その理由は特にこの二つの潮流が影響しているのではないかと私は思います。

❶ベンチャーキャピタル、個人投資家、クラウドファンディング等による資金調達手法

❷働き方改革、組織論ブーム

この二つと経理、一見何の関係もないように見えるかもしれませんが、試算表をベースにすると、その流れがはっきりすると思います。

❶により、自己資金や金融機関からの借入の他に資金調達の手段が広がったことによっ

て、ＢＳ（貸借対照表）上はいったん強化される会社が増えたのですが、❷のトレンドの影響もあり、調達したお金の多くがＰＬ（損益計算書）上の人件費や福利厚生費、賃料など、社内の人間が「心地良く仕事をする」ための費用として溶けて終わりになってしまっているケースが増えたのではないかと思います。

本来であれば、❶の資金はＰＬ上の「売上」にも影響を及ぼしてくれないといけないのですが、それ自体を考えるつもりがないのかもしれないという会社も見受けられますし、それを容認している風潮も実際にあったのではないかと思います。

「とりあえず規模だけ大きくすれば、〝誰か〟が高くその会社を買ってくれるだろう」

「とりあえず〝いい感じの雰囲気集団〟を作っておけば、〝誰かが〟ビジネスを考えてくれるだろう」

経営というよりはギャンブルに近いのではないでしょうか。

こうした発想では、会社に注入された資金が、社内の人間によって売上に生まれ変わり、「自走する」ということはほぼ不可能ですから、ＢＳだけ膨張しＰＬは赤字のまま一向に黒字転換しない、けれど、社員はいい給料をもらって毎日好きなことだけしてハッピー、という状況が生まれていきやすくなります。

仮にＩＰＯ（株式上場）などを達成して、財務戦略はうまくいっても「稼ぐ力を社内で作り出し、それをどうやりくりしていくか」という経理戦略がそもそもない、あるいはうまくいっていない会社は投資家の方たちが遠巻きに見守っていたところで、いつまで経っても黒字には反転できないと思います。

経営には試算表が必要ですが、ギャンブルには試算表は必要ありません。だから試算表を見て経営判断することもないでしょうし、結果的に数字、つまり経理的要素を軽視した経営、組織というのがここ数年かなり増えたのではないかという気がしています。

この環境が未来永劫許されればいいですが、その流れも変わってきたと思います。自走できない会社は資金が注入されなくなりお金が底をついたらその時点で終わりですから、ひとたび景気が悪くなり、資金を注入してくれる「スポンサー」がいなくなったらその時点で終わりですし、その手前で経営責任を問われるとリストラなどもせざるを得なくなります。その結果「自走できない環境で育てられてしまった社員」が、世の中にバーッと拡散することになります。

一般的な会社にもそうした恵まれた環境で育った社員が転職して流入してきますから、今の時代では、どの会社もこうした時代の流れと無関係ではいられないのです。今までよりもより多くの時間を「稼ぐ」というのはどういうことか、という、基本的なことをレクチャーし続けないと、会社自体が「稼げない社員の集団」に染まってしまいます。

本書では組織についても今回かなり触れていますが、それはこのような理由のためです。「前の会社はすごく楽でいいお金をもらえていたのに」と「楽園」で過ごしてきた中途入社の社員が真顔で経営者に進言して周囲の既存の社員を扇動してしまうということがあります。それは、進言する社員も悪意があってではなく、「稼ぐ」ということがわかっていないのです。そのような社員には、まず自分の給料が前職ではどこから出ていたのか知っていますか、ということから教育し直していくしかないのです。

会社を維持していく、つまり「潰れない会社」にするためには、社員一人ひとりが「稼ぐ」とはどういうことかということくらいは理解し、それを常にイメージしながら仕事をする必要があります。ただ、それさえできれば、「あ、自分は前職では楽園で過ごさせてもらったんだな。稼ぐっていうのはそんなに簡単なことではないな」ということがわかります。SNSもそうですが、今は反射的、刹那的な環境に溢れているので、ビジネスの世界でも物事を短絡的に考える傾向が全体として高まってきたのではないでしょうか。「深く考える」という習慣付け、社員教育はこれからの時代に必須ですし、数字を上げるためには必要なことです。

「お金と専門的スキルだけ」あっても、自走のための稼ぐ力がないと、いくら強力なバックアップがあっても、いつか必ず止まります。**会社を潰さないためには財務戦略だけでは**

だめで、「その確保したお金を元手にどのようにして稼ぎ、そしてどこにいくら配分してやりくりしていくか」という「経理戦略」、この両輪が必要だということです。

言い方を変えれば経理戦略がある会社は、基本的には黒字ですので、余程大きな資金を必要とするビジネス以外は、軌道に乗れば他人の資本は必要としないということも言えます。

経営に経理戦略を改めて取り入れることで、❶のような資本を投入されたにもかかわらず赤字から黒字に反転しない会社であれば、PLは改善されることでしょう。また、個人レベルの開業、たとえば料理人が自分のお店を開きたい、という場合も、「自己資金または借入資金と専門的スキル（自分の腕）だけ」では、万が一のアクシデントに見舞われたときに、ディフェンスが弱いです。どのようなことが起こっても、なんとかしてやりくりしていくという「経理戦略」があれば、ぎりぎりのところで危機を回避して潰れずに、しぶとく自分の城を守り続けていくことができるはずです。

「経理的な感覚、計数感覚」を身に着けることで全てが好転していくと思いますので、本書でそのコツを掴んでいただけたらと思います。

経理の仕事・役割

さてここで、知っているようで、実はよく知らない「経理の仕事・役割」についてお話しします。まず簡単ではありますが、経理について理解することで、より経営や組織についての考えかたを深めることができます。

❶経理処理
❷社員対応、計数感覚の啓蒙
❸経営者との連携
❹外部対応
❺不正の防止

❶ 経理処理

いわゆる集計、処理など、「手を動かして行う作業」です。
たとえばこのような作業例があります。

日次業務

・売上請求書、支払請求書の管理
・振込処理
・入金確認
・社員の経費精算（仮払、仮払精算・出張精算含む）
・会計データへの仕訳入力
・現預金残高の確認
・資金繰り表の更新
・納付、記帳等

月次業務

・月次決算処理（減価償却費、前受金、前払費用振替等）
・原価計算処理（原価計算を行っている会社）
・在庫確認、処理（在庫のある会社）
・試算表作成
・会議資料作成
・滞留債権（入金期限を超えても未入金のもの）確認
・補助元帳確認

年次決算

・年間を通した会計データや在庫など現物の全ての再チェック
・年次決算処理、税金計算、各種申告書の作成（税理士等が行うことが多いが内製化している会社もある）

その他

・監査対応（上場企業・上場準備企業）
・開示資料の作成（上場企業）
・借入手続き
・経理規程、社内ルールの策定
・税務調査対応など

小規模の会社であれば、全体のボリュームは多くないので総務経理全般を一人で行い、本来総務人事の作業範囲である給与計算なども行う担当者もいます。また反対に大規模の会社でしたら一つひとつの作業ボリュームがあるため、数十名の経理担当者が、ある人は支払請求書だけを担当、ある人は経費精算だけを担当、という振り分けをしている場合もあります。

そのため、一口に「経理をやっていました」といっても、勤めてきた会社によって、実務経験がバラバラです。また、機械化、自動化されている会社とそうでない会社の差も激しいので、「試算表を作っていました」と言っても、仕訳の一つひとつを全て理解できている人と、上司が最終チェックしたものをただ会計ソフトから印刷をかけていただけ、という場合もあります。今もクライアント先の経理の採用面談に立ち会うこともありますが、その時は、月曜日から金曜日までの1週間を具体的にどう過ごされているかをヒアリングして、その方の実務スキルのイメージを想像します。

❷社員対応、計数感覚の啓蒙

では❶の作業が、実際に営業などの現場作業と比べて単純作業の繰り返しで楽なのかというと、それはその会社の社員のレベルによります。全社員に計数感覚があり、勤怠もよく、自己管理ができている会社であれば、間違った申請も上がってきませんし、期日以内に申請が全て上がってきますので先行して処理やチェックができるので経理処理は楽です。しかしそういった会社はまずありません。どのような会社でも、自分の経費精算、自分の担当する売上請求書、支払請求書を期限内に正しく申請できない社員が一定数います。これは上場未上場、規模の大小、外資系か否かなど、私が経験してきた限りは一切関係ありません。そこに「計数感覚」というものの難しさがあると思います。

つまり「計数感覚」というのは、いわゆる「頭の良し悪し」とは別の「センス」の部分がかなり占めているという気が私はしています。経営者や管理職の方が「何回注意してもあの社員は無駄遣いするし、損する仕事や動きばかりする」というのは、経営者や上司の指導に反発しているわけではなく、本人も無自覚なまま良かれと思った行動が結果そうなってしまっている、ということだと思います。

それを完璧に改善するのは難しいのですが、80％くらいまでは改善できると私は思います。**その改善する一つの方法が「社内の経理ルール」です。**一般的な会社であれば、たとえば月末締めの翌2営業日までに経費精算を提出する、といった「締め日」を設定していると思います。

計数感覚の良くない人はまずそれを守ることが苦手で、「忙しぶってごまかす」という手法をよく使います。「仕事は確かにやっているんだけど、利益が出ていない」という人は特にこの傾向が高いです。

会社や経理のルールに従って計数的な資料を出すというのは息を吸うくらいの基本的なことですから、それすらも自己管理できない人が、さらに上のレベルの仕事を取るとか、会社に利益をもたらすということはまずありません。そうした事務処理が苦手な社員には、ただ「とにかくやってください」と言っても改善しませんので、寄り添って指導をしてあげる必要があります。

私の場合は、まずどうやって申請しているのか、ということを目の前で実際にやってもらいます。すると、感覚だけで入力していたり、入力したものを見直しもせずにノーチェックで申請ボタンを押してしまったり、ということがほとんどです。そのため、その申請の仕方と意味から私は指導し直します。そこまで徹底しないと会社の中で数字を生み出すということは難しいです。皆が稼いでも誰かひとりがザルのようにお金を使いこんで会社がダメになるということも多々あるからです。全員のレベルを漏れなく少しずつ上げていくということが、数字を上げていくには大切な要素です。そのために時間を割いてあげられるのは経理社員しかいないだろうと私は思います。これは非常に重要なことです。

そもそもなぜ、会社の数字を早く正しく出す必要があるのでしょうか。それは、「経営者が他のどの会社よりも早く正しい数字を見て、1秒でも早く経営決断ができたほうが有利だから」です。

間違った数字を経営者が見れば、間違った経営判断をする確率が単純に上がります。

よくあるケースですが、計数的な管理が不安定な社員は、業務トラブルも同じように発生する確率が非常に高いです。しかもトラブルを経営者や上司に言わないこともあるので、ギリギリまで隠しているということもあります。トラブルにはコストがつきものですし、その話し合いや数字の決着も基本的に長引くので、たとえばトラブルによる追加費用500万円という支払請求書が、月次決算を締めて役員会議をしてしまった後にいきなり「ドーン」と上がってくる、ということがあります。

そうすると、仮に「今回は利益300万円出て良かったね」と役員会議で話し合っていたのが実際にはマイナス200万円の赤字だったということになり、経営判断や指示も本来とは違ったものになったはずです。

たとえば現場担当者が30人いる会社で、売上請求書が毎月約100枚あるとします。そうすると、そのうち、数件が未入金だったり、請求書を再発行したり、案件自体が揉めていたり、ということがあります。それを1年通して見てみると、だいたい同じ担当者4～5人がトラブルの「レギュラーメンバー」なのです。

お金のトラブルは案件ではなく人に紐づいていると私は考えます。だから毎月必ず、その4、5人は「特別枠」として、個別にまず「経理処理の期日は明日までですよ」と連絡をし、そして提出してもらった後も「ありがとうございます。本当にもう他にはないですか？大丈夫ですか？」と本人と上司に確認する。そういった「習慣付け」の繰り返しをします。そうすると「あ、トラブルで金額調整中の案件があって、金額が確定しないと請求書が来ないんですけど、それは来月でもいいですよね……」という情報を引きずり出すことができます。それで金額を聞き、高額であれば「じゃあ概算金額だけ計上しておきますか」というような対処ができ、経営者には報告済みですか、という確認もその場でできるわけです。

ところが、現場の部長さんたちは、計数的な見地よりも現場のオペレーションをベースに社員を評価している方が多いので、お金を回収できない「目立つ人」をむしろ高く評価しているということがよくあります。

現場の管理職の方々には、受注とオペレーションを見るだけではなく、資金の回収までを見て社員の評価をしなければいけないことを経営者の方から指導していただくように経理から提言する、ということも必要になります。

計数的な見地から見て「この担当者は少し気を付けて見ていただけますか」という情報を、経理から現場の管理職に伝えて共有してもらいつつ、「社員の行動習慣を利益が出る方向に一つずつ、改善していく」のが経理担当者の役割だと私は思います。これは機械などではできませんし、経営者や現場の上司がこうした指導も兼任すると負荷がかかりすぎます。

会社員の経理担当者の仕事の半分くらいの時間は、経理作業ではなく、社内の社員対応の時間が占めていると思いますが、それでいいと思います。一人でも多くの社員の計数感覚を良くする、それが会社の利益を押し上げることにつながります。

❸ 経営者との連携

真面目な経理社員にも2パターンいて、「作業を滞りなく終わらせることをゴールにする人」と「会社の利益創出に貢献することをゴールにする人」がいると思います。

どちらも正しいと思いますが、できれば前者の目標がクリアできたら、後者の目標を立てて欲しいと思います。というのも、**経理にも「経理担当者から見る経理」と、「経営者から見る経理」があるからです。**

経営者から信頼される経理になる、という点を考えると「経営者から見た経理」と言う視点を意識したほうがよりいいと思います。

わかりやすい例だと、現場の社員から「なぜ、そんなに急がせて領収書を出させるの」「別に1カ月くらい遅れてもいいじゃん」と言われた時に、どう答えられるか、ということです。

「とにかく困るんです」「ルールですから」と答えている人もいると思うのですが、それだど「経理担当者から見る経理」です。「自分の仕事が経営にどう関わっているか」ということが本人もまだイメージできていないのだと思います。だからそういった答え方になってしまいます。

もう少し、視点を上げてみて、「もし自分が経営者の立場だったら」、ということを想像してみるとまた違う発想が出てくると思います。自分が経営者だったら、社員が皆忙しいのはわかってはいるけれど、利益が出たのかどうなのかいち早く知りたいはずだろう、と思うのではないでしょうか。すると、現場からの質問にも、「社長に早く今月の数字の結果を知らせて経営判断をしてもらったほうがいいと思うので」という言葉が出てくるのではないでしょうか。そういった想像ひとつだけでも、コミュニケーションの取り方も変わりますし、自分の仕事の意義、意味もわかってくると思います。やりがいやモチベーションも比例して上がってくるのではないでしょうか。

❹ 外部対応

経理の仕事自体はほぼ内勤で、外出するのも銀行か郵便局、税務署くらい。税理士、会計士などの先生は来社されることがほとんどです。外部対応といっても、銀行から借入する際の手続きとか、監査対応、税務調査など、必要なことや言われたことに対応することが主で、「話し合いをして盛り上がる」という主旨の業務はあまりありません。だから現場の社内外の打ち合わせなどを楽しそうで羨ましく思う人も経理社員の中には多いと思います。

一方で経理が作成した「数字」というのは、それとは反対に、どんどん外部へ独り歩きをしていき、さまざまな外部の人達の手のひらに乗せられて評価されていきます。ですから、経理社員そのものは会社の中でも黒子的存在で、外部との接触も少ないので、外部からの目線を意識しない職場環境ですが、会社の数字に関しては外部から常に見られていますので、外部から見た経理、ということも実は意識をしておいたほうがいいと思います。

たとえば外部の方たちが「この会社はいい会社だ」という基準は何でしょうか。

メディア、総務人事、広報・PRなどからの目線では

・面白い人事組織
・面白い社員がいる
・面白い事業をやっている

という、ニュースや話題にしやすい会社が「いい会社」というカテゴリーに入るかもしれません。一方で、金融機関などの方たちはどう見るでしょうか。

・数字（売上・利益）のいい会社
・迅速に数字が出せる会社、修正やミスが少ない会社
・正直な会社、嘘がない会社

おそらくこうした会社を「いい会社」とみなすと思います。「安心感を与える会社」と言ってもいいと思います。それはなぜでしょうか。「お金が関わっているから」です。

ビジネスである以上、相手に安心感を持ってもらうということは大切な要素の一つです。金融系出身の会社役員の方に以前お伺いしたお話で、「融資、投資する側が安心して自分達のお金を渡せる会社がいい会社だ」とおっしゃっていました。

ではその安心感はどこで得られるかというと、迅速で正しい数字、正直な回答など、会社の数字に関わる部分です。

そして外部から見て「安心する組織」というのは、２人以上が、きちんとした同じ受け答えができる、ということが安心度をより高めます。

経営者以外に誰も数字に関する質問にその場で答えられない、あるいは経理担当者しか答えられない、となると、「経営者が突然倒れたらこの会社はどうなるんだろう」「経理担当者は確かにしっかりしているけれど、この社員が仮に転職してしまったら、会社の中は大丈夫なのだろうか」と思います。

「経営者と経理社員」、「ＣＦＯと経理部長」、「管理部長と経理担当」など、どのような組み合わせでもいいですが、２人以上の人が外部から計数的な質問をされて同じ答えを返せるということが「いい会社」という印象を強くします。

金融機関や監査対応、また税務調査なども、尋ねられることは、だいたい基本的なことですから、それくらいは、いつ誰から尋ねられても前述したポジションの方たちは同じように答えられるようにしておくこと。その中には経理的な数字だけではなく、この利益率は適当と思うか、今後改善の余地があるか、また今後の事業展開などはどう考えているのか、など経営者が本来答えるべき質問もセットでされることも多いです。そういった「外部目線からの数字」「経営目線からの数字」についても、経理担当者、マネジメントする管理職などは経営陣にお願いをして定期的に認識を統一する場を設けるということもいいと思います。

❺ 不正の防止

近年、外部に経理を任せてしまえという触れ込みも多いですが、その最大のリスクが社内の不正を見落としてしまう、ということです。たとえば税理士が顧問先から請求書や領収書を預かって代理入力をする、あるいは自動でアップデートされた会計データをチェックするのみという体制だと、私物の領収書などがあっても見つけることは困難ですし、疑うこと自体がクライアントとの関係上難しいでしょう。社内に経理社員がいるから不正を100％防げるかというと、不正を見つけられる社員とそうでない社員がいるので一概には言えませんが、少なくとも経理社員が全くいなかったら、私物の領収書なり、キックバック入りの請求書なりをじゃんじゃん回覧して小遣い稼ぎする社員が発生する確率は格段に上がります。

経理社員も「経理に申請、回覧されたものをひたすら間違わないように処理する」ということが最終目的に留まっていると不正に気づけませんが、会社全体の数字、社員一人ひとりのスケジュールや案件の内容を把握している人であれば、「この日、接待なんかあったかな？」「この請求書ちょっと高くないかな」ということは簡単に察知できるようになります。モラルを持った不正を簡単に見破れる経理社員が社内に鎮座することで、仮に不正の誘惑にかられた社員がいても、「この会社では不正は難しいな」と諦めてくれる流れに持っていくことができます。不正は一回始めたら最後、途中でやめたらやめたで「あれ、今月申請した金額少なくないですか」と逆に見つかってしまうこともあるので、その人が会社を辞めるまで不正を続けざるを得なくなることが多いです。すると最初は数百円、数千円の不正で始めたものが、最後は累計したら数千万円、億単位に膨れ上がることもざらです。数千万円のお金を利益率で逆算すれば数億円の売上相当になることもありますから、経営者も現場社員も、一人の社員の不正のために必要以上に何年も働かされていた、ということもあるでしょう。会社から犯罪者を出さないためにも、経理社員は必要なのです。

第6章

経理が強い会社で潰れた会社を見たことがない

「経理が要らない」という言葉を信じる人はいるのか

「経理が要らない」という言葉を信じて経理スタッフを補強しなかったとします。そして新型コロナウイルスのような有事が起きたとします。

経理関係のリモート作業の指示、事業計画書の見直し、銀行や税理士などとの調整……経理社員がいなかったら、これを全て経営者がやらなければいけません。経営者はまず売上と資金繰りのことを考えなければいけないのに、経営者の身体が先に潰れてしまいます。税理士の先生にしても、何社、何十社と顧客を抱えているわけですから、同時に何十社から助けてください、手伝ってくださいと言われても身動きが取れません。

有事でない場合は、バックヤードの部門は軽視されがちですが、有事というのは、一定周期で起こるものです。

「5年に1回くらいしか有事なんてないから、その1回のために経理を雇うなんて無駄」

という発想なのかもしれませんが、「その1回で会社が潰れてしまったら……」ということは考えないのでしょうか。有事に経理社員が会社にいなかったら、かなり危険です。

こうした企業リスクの本質が軽視されたり、歪められたりしているということに危機感を覚えています。

言うまでもなく経理は「利益が出る会社には」今後もあり続けます。

ここ数年、「AIによって経理はなくなるのですか」という問いに、「それは経理処理の一部の話であって経理という仕事の意味をはき違えている」と何回も取材などで伝えたのですが、未だに「面倒な経理をやめよう」という主旨の広告が出てくると「わざとか、本当に経理の仕事の意味がわかっていないのか、どちらなのだろう」といつも思います。

もう、一人で抗ったところで仕方がないと思いかけていたところ、ある方から『ビジョナリー・カンパニー2』(日経BP)という書籍を薦められ読んでいたところ、納得のできる話がありました。

俊敏で賢い狐がありとあらゆる方法で針鼠を攻撃するのですが、針鼠はその都度丸まって防御し、結局針鼠が勝利し続ける、という寓話です。それを読んでふと針鼠が経理に思えました。

弱そうな職種はないかな、と狐たちが探して経理という針鼠を発見する。そして、「税理士がいれば経理は要らない」、「ＡＩがあれば経理は要らない」と代わる代わる攻撃するのですが、結局経理は生き残っている、と。今までは、また攻撃されたら、どう反撃しようかということばかり考えていましたが、その必要はなく、単に経理の仕事の意味とその大切さを愚直に伝えていけばそれで経理は生き残っていける、と納得しました。

本質を考えれば会社は「ヒト・モノ・カネ」でできているのに、「カネ」を担当する人が会社に要らないというのは、おかしな話です。その会社に経理がいなくなったら「カネ」も一緒になくなるということです。

経理が要ると言いましたが、実際にいない会社もあります。私が要るというのは、「会社を成長させたい場合は、組織に経理を入れなければ成長しない」という意味です。

ある「経理が要らない」と言っていた会社が上場準備をしていました。上場したら内部統制上も経理社員が必要だし、上場審査資料や上場後の開示資料も経理がいないとできないのにどうやって経理なしで上場するのか参考にしようと思っていたら、結局最後は経理を雇っていたようです。

会社を潰さない経理は常に、「売上が0円になったら」を考えている

20代の頃、ある会社の数字の推移を見て、数年間、売上が前年対比で10～20％下がっていたので、「この会社、10年後に売上0円になりませんかね」と言ったら、「そんなことあるわけないじゃん」と周囲の人達に大笑いされました。

しかし10年後、その会社はもうありませんでした。もちろん売上は0円ではなかったでしょうが、費用は出ていっているので、売上が半減しただけでも存続自体が難しくなったのかもしれません。

大笑いした人達は「普通は売上って波があるからそういう右肩下がりの会社でもどこかで底打ちするでしょう」という発想だったのでしょう。実際、会社の多くもそうなるように対処をしますから、私が笑われたのもわかりますし、もし私も同じようなことを言う人がいたら笑うかもしれません。ただ、「数字をそのまま、いい意味で鵜呑みにする」「確率

の少ないほうのことも考える」ということはリスク回避には必要な要素ではないかと思います。

人間は、計数的な事実が出ているのに、それを自分のバイアスで歪めてしまう性質があります。簡単な収支表でも決算書でも、ないよりはあったほうがいいのは、数字があることで、そのバイアスがかかることを防ぐ役割があるからだと思います。

私は、なんだかんだといって、数字はやはり事実や現状を正確に伝えるものだな、と若いころから実感してきたので、リスクに限らずいいことも、「もし数字がこうだったら」というシミュレーションをする発想脳になっています。

もし売上が半減したらうちの会社はどこの費用で調整するのだろう、もし売上が2倍になったらどれだけの金額を設備投資や人員採用にかけるのだろう、と考えます。

その最たる例が「もし突然うちの会社が売上0円になっても、大丈夫だろうか」「大丈夫でも、どれくらい大丈夫なのか、3カ月なのか、それとも1年なのか」ということを、時間の空いたときに自分で計算してあれこれ考えることです。**ただそれができるのは、帳簿のデータを全て見られる人に限られます。つまり、経営者と経理だけです。**

だから現場出身の方たちが「売上0円の状況を想定せよ」といっても、現場の経験が長いのでそちらのイメージがどうしても勝ってしまい「そんなことあるわけないじゃん」とバイアスがかかり、リスクの「深堀り」が意外と難しいかもしれません。

また、大企業の方でしたら、やはり「売上が0円になったら」と言っても環境上まずあり得ないことですので、一笑に付されてしまうかもしれません。ただ、現実になるかならないかという話ではなく、「そういう危機意識を持っていたほうが身を守れる」ということです。大企業に定年までいる方であればいいかもしれませんが、大企業以外に転職したり、起業をしたりしたら、「売上が0円になったら」ということは当たり前のように考えなければいけないことですので、周囲の同僚や金融機関の方たちとの金銭感覚、危機意識とズレが出てくる恐れがあります。中小企業やベンチャー企業は大企業の「ミニチュア版」ではなく、大企業とはまた大きく異なるスキルが必要になります。不確実性の高い時代だからこそ、会社の規模や現状のリスクの有無に関わらず、こうした危機意識は誰もが持っていたほうがいいのではないかと思います。

「売上がなくなる」というのが潰れる会社の最たる要因の一つですから、その対策を事前に考えておけば、潰れる可能性は格段に減ります。組織に経理部門の人間が必要だという理由の一つにはこうしたことが挙げられます。

資金計画はリスクを最初に洗い出して作成する

赤字を出す人は、「もし○○なことが起こってしまったら」というリスク想定がなく、いつも「全てうまくいって」という前提で思考し、行動する人が多いです。それでは事業が失敗するリスクが高まるので、簡単なリスクを下げるコツをお伝えします。

もし私が一人でお店をオープンしたいと思った時に資金計画書を作成するとしたら、「最初に」リスクから洗い出します。そうしないと忘れてしまうことがあるからです。

あらゆる「もし……」を想定する

- もし自分が1年のうちに病気や事故で1カ月入院することになったら
- もし食中毒が起きたら
- もし台風や地震など自然災害が起きたら

・もし工事トラブルでオープンが1カ月遅れたら

仮に私が月額の売上目標を50万円としたら、50万円×12カ月＝６００万円としたいところですが、「万が一」を考えて、２カ月分売上０円ということを想定し、それを差し引いて、５００万円を売上目標に設定します。その５００万円を目安にして、きちんと利益が出るように支出の予算を立てます。

初年度の予算をこのように設定にして、資金繰り用に売上の３カ月分である１５０万円を運転資金として用意しておきます。

そうすれば、初年度、アクシデントが重なり３カ月売上０円ということがあったとしても、キャッシュ上は余裕があるので、その間に、また新しい対策を考えることができます。

１回目で１００％一つもミスのない形でビジネスが成り立つなど、ありえないことです。だから、リスクを洗い出して、それに応じた数値を入れて、さらに予備的な資金を準備しておけば、突然のアクシデントがあっても、慌てずに少なくとも半年近く分の資金繰りは想定が可能になります。

なぜ「やはり予算は必要」なのか、その答えは「節約」にあり

「予算なんか要らないよ」という経営者の方、案外いるのではないかと思います。「どうせ先のことなんかわからないし、予算に現実を合わせるっていうのもなんだかおかしい」と、おっしゃる方もいるかもしれません。

実は私も、独立してから自分のために予算を作ったことはほとんどありません。なぜなら頭の中の暗算でできますし、一人で経営している会社ですので共有する人もいません。だから自分だけがわかっていればいい、という理由からです。ただ今後、私が規模を大きくして借入をしたり資金調達をしたりする時には当然資料として必要になりますから、作成することでしょう。また正社員を雇った段階で、社員には自分の計数的な価値観は共有してほしいので、資料を作成して、シェアすると思います。実際に、私は自分の節約アプリを作ったときに、外注の開発エンジニアの方には、予算計画を作って共有してもらいまし

た。数字を共有することで、作りたいものと予算金額との兼ね合いやスケジュール感も共有できるからです。

日本語は語彙が他国の言語より豊富なので、喋っているだけだと認識が微妙にずれているときがよくあります。その点、数字が入ると認識が一致するので、たくさん話すよりも数字を一表にまとめてシェアしたほうが早く、齟齬がないことが多いのです。

ただ、一般論として、「何のために予算は必要なのですか」、と問われた時に、相手が納得する答えを見つけるのは確かに難しいなと思っていました。

しかし、意外なところでその答えを見つけました。

私は、自分の新規事業として「節約ウオッチ」という名の節約のアプリを開発したのですが、その開発途上の時に、予算がなぜ必要なのかに気づきました。

開発にあたり、節約ができる人とできない人にはどんな行動習慣の差があるのかを数カ月間、行動調査をしました。それでよくわかったのは、節約できない人というのは、自分の財布にいくらあろうがなかろうが、欲しいと思ったもの、必要だと思ったものは、誰の許可もなく衝動的に買ってしまいます。「買っちゃった。いいでしょ、これ」と嬉々として事後報告です。「お金ないんでしょ?」と言っても「まあリボ払いとかもあるし、なんとかなるでしょ」という具合です。その繰り返しで、節約どころかどんどん負債が膨らんでいきます。

一方で節約できる人というのは、全体の収入から、何にどれくらいを使おうか、予算を決めて使います。そして余ったお金を貯金しています。

節約できる人というのは、常に頭の中にその人なりの価値基準（予算）があった上で、行動をしています。そして結果的に貯金ができています。その反対に、お金を使い込んでしまう人の頭の中の価値基準は「欲しいもの＝いくらでも買っちゃう」しかありません。

つまり、経営者の中で「予算が要らない」という人は、計数感覚が特にいい人なんです。「その人にとっては不要」なんです。**けれどそれは世の中の人全員がそうではありません。そこに気づかれていないのかもしれません。**予算がないと無尽蔵に使ってしまう人も世の中にはたくさんいるのです。

節約できない人だって、今日もいろいろな会社で働いています。

その人達が、会社に予算がない場合、会社のお金をどのように使うでしょうか。普段から節約できる人は、予算がなくても、常識的な感覚を持っています。つまり、費用対効果のある使い方で経費を使えます。しかし、節約できない人は無理です。むしろ、会社のお金だからなおさら自分がいいものだと信じたらじゃんじゃん抵抗なく使ってしまうかもしれません。

悪気がなく会社のお金をジャブジャブと使ってしまう人は、「値段が高いもの＝いいもの」という感覚の持ち主なのだと思います。だから目安、つまり予算を作って、「パソコンは○円以内のものを買う」「接待は一人当たり○円以内」という会社の「基準」を作って、そのような人達に示してあげれば、その人達はその基準の範囲内でお金を使う習慣がつくと思います。

「備品購入申請」「交際費申請」「出張申請」など、ワークフローの観点からこれらを見ると、「面倒だなあ」と思う人もいると思います。ただし、計数的な視点で見ると、全て理にかなっていると思いませんか。それらがないと、高級な備品や高級な飲食店、高級なホテルなどにお金を使ってしまう人がいるかもしれません。

だからそれらは事後申請ではなく、事前申請が望ましいのです。こうしたルールを守っている会社は、結果的に、社員もその習慣に慣れて、必要なお金だけを使って、過剰なお金は出ていかなくなるのです。

職場にはいろいろな方がいます。そして一見しただけでは、その人に計数感覚があるのかないのかがわかりません。

予算がなぜ会社にとって必要なのか、それは「常識外のお金の使い方をしてしまう感覚の人がいても、それを防止するため」のリスクヘッジの資料として、ないよりはあったほうがいい、というのが私の持論です。

数字が取れる人と取れない人が一瞬でわかる質問

数字が取れる人で、経理処理が本心から面倒くさいという人を見たことがありません。なぜなら、数字を見たり集計したりするのが楽しみだからです。「今月10枚も売上請求書作らなきゃいけないよ」と愚痴りながら顔ではにやにやしています。

誰かが「じゃあやりましょうか」と言っても、「いいよ、自分でやる！」と嬉々として売上請求書を作っています。だから数字が取れるのだと思います。数字は目標にしやすいので、自分で自分の限界を超えられるかゲーム感覚で仕事をとらえている面もあるのかなと思います。「売上＝スコア」という感覚かもしれません。

反対に、経理処理が本心から面倒くさい、経理なんて嫌い、経理なんか要らない、という人は数字のことで嫌な目に何度も遭っている、いい思い出がない人なのかもしれません。

実際に、いろいろな会社で新しい経費精算システムの導入を検討している、という話を聞くのですが、「現場から経理処理が面倒くさいという声が上がっている」というので、「言い出した人って、仕事できる人？」と聞くと、だいたいの経理社員が「えっ」と表情が固まります。続けて「どうせその人、経費精算面倒くさいって言ったって、せいぜい4、5枚でしょう」と畳みかけると「そ、そうです」と、どの会社でもなります。

経費処理で一番処理量が多くて大変なのは経営者とトップセールスの人です。

でもそういう人達は、無駄とか面倒とかそういうレベルで経理処理を見ていません。「確認作業」に使っています。経費精算で「今月いくら使ったかな」と見直し、売上請求書で「今月売上いくらになったかな」と確認し、次月はどう動こうかな、と頭の中でシミュレーションをします。

以前、何社かの営業部長さんに「やはり経理処理って面倒くさいですか」と聞いたことがあります。すると「こんなものすら面倒くさいなんて言っている人いるの？ 絶対仕事できないよその人」「おおざっぱな人は営業には向かないから、少なくともその人は営業向きではないね」

と皆さん言っていました。経理よりずっと厳しいコメントです。

数字のいい会社は、経営者やトップセールスの人が「この経理システム、もっといいものにした方が売上も上がるんじゃない？」と言い出します。「面倒かどうか」という基準ではないのです。

トップセールスの人は、同業他社のセールスの方たちとも交流が多いですから、彼らが使っている計数管理ツールで「これだったらうちの会社も利益が出て、自分も売上が伸びて報奨金がもらえそう」というものがあれば自社への導入を提案します。そのような場合は積極的に投資をしたほうが、リターンのほうが大きくなる可能性が高いです。トップセールスの人は自分の利益と会社の利益両方を考えているからです。ビジネスパーソンには2つのパターンがあり、ソフトウェアなどのツールを「自分が便利になるかどうか」という視点で見ている人と「会社の売上や利益につながるかどうか」という視点で見ている人とに分かれます。社員からの提案も、そのどちらの視座からの提案なのか、またソフトウェア会社の営業提案でも、「便利なのはよくわかりましたが、実際に御社のソフトウェアを使うと、どのように売上や利益を伸ばす施策ができますでしょうか」というアプローチで、利益が伸びるソフトウェアの導入を精査、選定してみるのもよいかもしれません。

「経理処理って無駄ですか？　面倒ですか？」と質問して、その答えで、その人が会社に数字をもたらす人がそうでない人かは判別できると思います。

「経理処理」は売上先や支払先に感謝する時間

「経理処理が無駄」という広告や発言を見聞きすると、私はいつも違和感を覚えます。ただ、その理由が何なのか自分でも判然としなかったのですが、自分のルーチンを振り返ってみて、わかりました。

私は自分が仕事をして、売上請求書を発送したり支払先への振込処理をしたりするときには、必ず「ありがとうございます」と言う習慣があります。それを足で踏みにじられたような被害妄想を私が覚えてしまうからだと思います。

20代のときにある会社で支払処理をしていたとき、毎月月末になると、数社から「今月末の振込金額を教えてください」と連絡がありました。最初は「金額を教えて欲しいって、自分達で請求書を発行しているのだから金額がわからないはずがないのに、どうして電話をしてくるのだろう」と思っていました。しかしある時その理由がわかりました。ある月末の午後2時くらいに「昨日電話した者ですが、今日入っていると言っていたお金がまだ入っていないです」と慌てた声で電話がかかってきたのです。こちら側はもう電信処理で手続きが終わっているので、銀行の中での処理にタイムラグがあったのでしょう。そのときに「あのお金がないと、今月、他の会社の振込が全部できないので大変なことになるんです」と言われました。それが心配で皆さんいつも「入金額を教えて下さい」という言い方で連絡をしてきていたのだと、やっと気づきました。結局その方の会社には2時半過ぎに着金がされたらしく、「なんとか無事手続きができました」と後から連絡をいただきました。

それからも同じようなことが何回かあったのですが、相手の方が電話口で「ありがとうございます」と頭を下げているのがわかるのです。

その時に、自分が頭を下げられるレベルではないくらいの自覚はあったので、これは会社に対して頭を下げている、つまり「自分はたまたま勢いのある会社の上に乗っからせてもらっているだけ」だと、ふと気づきました。それまでは「会社の規模＝自分のレベル」と勘違いしていたのです。

請求書はただの紙やデータではなく、一つひとつに意味があるのに、「どうしてこんなに量があるんだ」といらいらしながら機械的に処理をしていたから、気がまわらなかったのだと反省をしました。**それからは新規の請求書があると、「この会社はどんな会社なんだろ**

う」、「この人はきっと業界では有名な方なんだろうけど、いつも源泉額の計算が間違えているから、ご自身で全部事務処理もやっているのかな」などと考えながら処理をするようになりました。最初の給与明細、最初の売上。その時は嬉しくて思わず拝んだりしたことはないでしょうか。しかし、それが当たり前になってくると明細や通帳の残高すら確認しなくなる人もいます。私はそういう気持ちの一つひとつが、自分や会社の危機感を鈍らせていくと思っています。

私も手計算やそろばんで経理処理をしているわけではないので、処理の自動化はいいと思います。ですが、「経理処理は無駄な時間」と言い切る人に対しては、私は違和感を覚えます。経理処理はそれぞれの担当者や経理社員、経営者が、取引先のことを改めて思い出して感謝をする時間であって欲しいと私は思うからです。

私はここ数年、世の中の流れが「バベルの塔」の話のようになってきていると思っています。「傲慢さ」に距離を置くということも、潰れない会社を作るコツの一つだと思います。

強い経理は「100%失敗するもの」を精査できる

私自身が心掛けていることの一つに、「100%失敗することはやらない」ということがあります。これが結果的に、しぶとく生き残っている理由の一つなのではないかなと思います。たとえば新規事業を考える時に、もし売上が立たなかったら「資金もなくなり、評判も落ち、社員達からも不満が出て……」というように、一つもいいことがないことが事前に想定されるものは、やらないほうがいいと私は思います。ただし、もし売上が立たなくても、話題性はあり会社のブランド価値が上がる、広告宣伝費も浮く、新規事業のクライアントをそのまま既存事業にも引き込める可能性がある、など、数字面で多少の経費節減や本業のプラスになることが想定できていれば、それは100%の失敗にはならないので、やってみる価値はあるのではないかと思います。**「やってみなければわからない」というのは、そこまで計数上のことを想定した上で初めて発する言葉だと思います。**

第7章

経理的視点による会社を潰さない新規事業や多角化の立て付け方

事業内容が多種類あっても事業形態が同じだとリスクは増大する

会社が売上を伸ばしたい時に考えるのは、既存の主力事業を伸ばすか、それとも新規事業を立ち上げるかということでしょう。

また、新型コロナウイルスの発生のような外的環境の変化によって、主力事業の見込みが立たず、別の形態で当面をしのがなければならない場合もあります。多くの会社が今回の事態で、「主力事業に何かがあってもいいような、他の事業を考えないといけない」と考えたと思いますし、考えなければいけないと思います。

そこで会社が新規事業、多角化などを目指そうとなったとき、どのようにすれば最も安全で、主力事業の補完となる事業になるのでしょうか。

私は経理的観点から見ると、「共通のリスクを持たせない」事業を意識するといいのではないかと思います。

たとえば、居酒屋を経営しているお店が、新規事業でサンドイッチ屋さんをやろうということに決めます。居酒屋で使う食材などと一緒に仕入れればコストも割安ですし、接客や店舗設営のノウハウも転用できます。発注業者などもいつも使っているところにお願いすればいいですし、必要な資格や契約関係の手続きにも慣れています。通常であれば、全く問題ない、健全な考え方です。ところが、今回の新型コロナウイルスのような、路面店が営業できない、という外的状況の変化になった時に、両方とも営業ができなくなります。事業内容は違っていても事業形態が同じだからです。

これは諸刃の剣で、親和性が高い多角化は、反対にリスクも同じリスクを抱えるということです。現場発想の場合、メリットを中心に考えますから、共通のノウハウ、共通の原材料を使えば、生産性もいいだろう、という発想になりますし、それは正しいです。ただそこで終わらせずに、デメリットも何が起こり得るのかということも同じ量考えて洗い出しをし、リスクを事前に把握しておいたほうが今後はいいでしょう。

もしこれから新規事業を始める、あるいは売上確保のために主力事業の一部を新しい形態にリニューアルしなければならないという場合は、時間がない中でも、外部環境リスク、内部環境リスクを洗い出して、リスクが「被らない」形態のものを行うことで、会社全体のリスクや損失が最小限に抑えられます。

表向きには目立ちませんが、いろいろな会社の決算書を見てみると、今「不動産収入」で、主力事業本業の赤字を補填し、会社全体の利益は確保しているという、不動産業界以外の業界や企業が意外とあります。

それだけ不動産というのは安定収入源にはなるのですが、そこに甘えすぎると、さらに主力事業が赤字になっていく可能性はあります。なまじっかお金がある分、主力事業を担っている社員の金銭的危機感が生まれないのです。

それに、不動産の仕事がしたい人は最初から不動産業界に就職するでしょうから、不動産担当などに配置転換されたら、辞める人もいるかもしれません。

数字の観点から見ると不動産収入はリスクが少なくいい収入源なのですが、反面、それだけに依存している多角化状態は、あまりいい状態ではないサインといえるかもしれません。

一強事業、一強商品は外的環境の突然の変化にはリスクが伴う

ある経営者の方が、経営者同士の勉強会に参加された感想として「強い会社というのは圧倒的に強い1事業、強い1商品がある」とおっしゃっていました。実際にその通りだと思います。1点リスクがあるとすれば、その会社の内的要因ではなく、外的要因が一変したときに、その事業や商品は対応できるのか、ということです。というのも、1事業、1商品が圧倒的に強い会社で、内的要因、たとえば商品を自主回収するような事態が起こり、売上に直結してしまうミスや不祥事などが発生しても、多くの場合、一時的に数字が下がっても、その後すぐ回復する会社が多い印象を受けます。

それは、一強を作る会社の組織の土壌がとても強いので、経営者だけでなく、広報、営業、製造、財務など、全ての部署の社員が高いレベルにいます。だから対応も早いですし、相手を不審がらせない、むしろ「この会社は誠実だ」と、逆にファンになるような対応をし

て、リスクをチャンスに変える強い体制ができているのだと思います。

ただし、そういった会社の唯一のリスクが外的要因です。なぜなら、いくら優秀な人達でも外的要因の変化は、予測はできても変化そのもののコントロールはできないからです。

そして多少の変化は強い組織は予見できますが、根底から概念が変わる外的環境の変化まていくと、いくら強い組織であっても、その商材が外的環境にアンマッチなものになってしまうと、物理的に対応ができない、という事態はありえます。

たとえば、著名な方で有料会員を集めてサロンを開いている方がいますが、その中でもオンラインとオフライン、両方のサロンを並行して開いている方がいます。これは意識的なのかはわかりませんが、リスクヘッジの観点からいうと、一番シンプルでわかりやすいリスクヘッジの例だと思います。内容（ソフト面）は同じでも、方法（ハード面）を分けていることで、外出自粛要請が出ても、一定の収入が確保できています。

ただ、「じゃあ、今後は全部オンラインビジネスにしよう！」などと、煽られて動いてしまうと、オンラインのほうもサイバーテロや、そこまでいかなくても単純に運営会社の運用上の不具合、サービスの終了、倒産などといったリスクが原因でサービス提供ができず、売上が0円になる可能性もあります。どの領域でも同じ量だけメリットやリスクはあるという前提で物事は考えたほうがいいでしょう。

たとえばYou Tubeやeスポーツ関連で活躍されているの個人の方が、もし根底の環境が変わって活動できる場所が突然なくなってしまった場合に、リスクを考えて事前に準備している人は、オフラインの業界や自分独自のブランド展開などへすぐシフトできるでしょうが、何も準備をしていないと、その活動環境と一緒に、収入源も認知も消滅してしまうリスクがあります。

一強になったときに、儲かったお金をさらに一強のために投資して究極の一強を目指すのか、それとも一部のお金を新規事業に投資して第2の一強作りを目指すのか。どちらも正解ですが、リスク回避という視点で見れば、後者のほうが、儲けは少なくなる可能性は高いですが、「会社全体の安全」も担保される可能性が高い、と言えるのではないかと思います。

会社が新規事業を始めると、多くの場合は、初年度、2年目くらいまではなかなか数字が上がらないことのほうが多いです。すると、「自分達の稼いだお金なのに」と主力事業の社員が言いだすことがどの会社でもあります。そのような場合は、経営者の方から社員に「リスク」という観点からも、会社や事業を俯瞰してみるように伝えてみるのもいいのではないかと思います。

いかに事業形態やリスクが「被らない」新規ビジネスを考えるか

新規のビジネスモデルのアイデアが浮かんだ時に、実際に「計数的に」事業形態やリスクが既存事業と被るのか、被らないのかの参考になる分類方法を記載しました。

皆で新規ビジネス案をメモレベルでいいので数案ずつ出し合って、それらのビジネスはどのようなチャンスやリスクがあるのか、ということをお互いにチェックし合うといいと思います。「Aさんは、お金とリスクのかかるアイデアばかり出す」「Bさんはとにかく安全策のアイデアばかり」など、人によって考える「癖」が見つかるかもしれません。

❶ 売上を優先するか利益を優先するか

ビジネスの基本は、最終的には会社にキャッシュが手元に残らないと困りますから、売上よりも利益、つまり「いくら手元にキャッシュが残ったのか」ということが大切です。ただ、私の会社員時代は、当時のＩＰＯ審査の条件として、事業規模の観点から、売上もそれなりにないといけない、という指導を受けた記憶があります。それぞれの会社が求められている状況によっては、利益率はそこそこでも、売上は会計上かなり上がるという事業も積極的に参画していかなければならないということもあると思います。

たとえば飲食店を開業するとして、直営で全て行う、というのであれば、費用もかかりますが、売上は基本全て自社のものになり、その店舗が何年も続けば売上はかなりの金額になります。一方で、そうした飲食店の開業時のブランディングやコンサルティングだけ関わるという仕事の仕方もあります。その場合は、売上は単発のため、店舗の売上1年分のようなビジネスに比べたら売上は小さいですが、店舗経営と違って、コストは人件費だけで、売上も受注時に確定しているので、利益も確実に確保できます。

コストが増えればリスクも増えるので、手持ち資金と、どこまでリスクを負えるのか、というバランスを考えて、売上優先か、利益優先かを選択するのもいいと思います。

❷ハイリスク・ハイリターンか、ローリスク・ローリターンか

前述のケースを活用すると、店舗経営の場合、売上が上がれば上がるほど基本的には利益額も高くなりいいことずくめですが、反対に全く売上が上がらなかった場合は、非常事態です。売上に関係なく賃料や人件費は固定で毎月出ていきますし、食材や牛乳といった保存のきかないものも劣化していくので、赤字になるリスクを負います。ハイリスク・ハイリターンのビジネスです。一方で、店舗経営の一部分だけの仕事を請け負った場合、そういったリスクは抱えずに済みます。ただ、もしその店舗がその後ものすごく繁盛しても、売上金額はその一部分の仕事だけなので、ハイリターン分をシェアしてもらうことはできません。ローリスク・ローリターンということです。

❸ リスクと予算の見通しが甘いとハイリスク・ローリターンのビジネスになる

ハイリスク・ハイリターンだと自分達は思い込んでいたけれど、リスクの洗い出しや予算の見積もりが甘かったために、実際にビジネスを始めたらハイリスク・ローリターンのビジネスだった、と気づく場合があります。

店舗経営の例では、売上の見通しがポジティブすぎた、運営に必要な備品を一部予算に入れ忘れていた、など、数字の見通しが甘かった場合、そして店内でのトラブルやクレーム、店員同士の人間関係など、予想していなかったリスクが発生し、マネジメントの部分で手間がかかり、ハイリスク・ローリターンになってしまった、ということは起こり得ます。

3章で金融機関に提出する予算計画を基本はポジティブにと書きましたが、それを「全てうまくいったとして」という状態の第1の予算計画とみなして、社内向けには第2の予算計画を作るといいでしょう。これは「最低限達成しなければならない予算計画」です。

売上は私の肌感覚の事例でいくと、自分達が現実的に思っている予想の8掛け、費用は

反対に予想の1・2倍くらい、それくらい保守的に試算をした数値でもきちんとした利益率が出る予算を作成しておくと、想定外のリスクがいくつか発生しても、その余剰部分で吸収され、ちょうどいい着地の数字になることが多いです。「保守的」の範囲は各会社で設定してください。

特にリスクや費用項目の洗い出しは、漏れのないように、経営者や幹部だけでなく全員で行ってください。オペレーションは全社で行うのですから、むしろ現場にいる人のほうが知っているからです。

リスクの徹底した洗い出しと保守的な予算、これがハイリスクを避ける基本です。

❹ ローリスク・ハイリターンは、ひたすら「種まき」

では、ローリスク・ハイリターンなどという虫のいい「まっとうな」ビジネスはあるのでしょうか。私はあると思います。ただし、最初からローリスク・ハイリターンではなく、最初はローリスク・ローリターンのビジネスの中から、ローリスク・ハイリターンに「ふ化」する可能性があるということです。

そのふ化する確率は運次第の側面も大きいので、とにかくビジネスの種をまくということです。

前述の事例でいえば、飲食店の開業時のブランディングをした場合、その報酬が１００万円だったとします。それを、「今回の報酬は50万円でいいので、そのかわり、もし御社の店舗売上が１０００万円を超えた月は10万円インセンティブとしていただけませんか」という契約にできないか交渉することはできると思います。

ブランディングが良ければ繁盛するはずですから、「このお店は立地もいいしいける」と思ったら、そういった契約形態で仕事を受ければ、もし実際に売上が1年を通して１０００万円を超えたら、50万円＋（10万円×12カ月）＝１７０万円の収入になります。そしてその契約が何年も続いたら、過去の仕事で毎年１２０万円の収入を得ることができます。

支払う側も、儲かれば払い、儲からなければ払わなくていい契約ですから、ローリスクです。最初の自分の取り分を抑えて、ハイリターンを狙う、ということも可能だと思います。

私も書籍の印税を使って、節約アプリを開発して既にリリースしています。書籍もアプリも、いつか大ブレイクすると信じて、種まきを続けています。コンテンツビジネスは、競争は激しいですが、ヒットをしても追加の固定費はほぼかかりませんから、売れれば売れるほどお札を刷るのと一緒で一気に売上も利益率も跳ね上がり、ハイリターンになります。

留意点ですがアプリビジネスに関しては、ハイリスクになるかローリスクになるかは、開発エンジニアの人件費次第だと思います。

シンプルなアプリ、バージョンアップがメンテナンスレベルのものであればスタートはローリスクですが、複雑なアプリなどは人件費がかかるのでいきなりハイリスクで始まるものも近年では多いかと思います。

❺対法人か対個人か

法人に対する売上か、個人に対する売上か、それによってリスクや管理方法も大きく変わります。

法人向けビジネスは個人向けビジネスに比べて売上単価が大きいことが多いですし、年間契約など、長期の契約形態などを結ぶことができれば売上や、経営なども安定します。ただし、1社に対する売上金額が大きくなると、その売上が突然なくなった時にリスクが生じます。同じ売上１００万円でも、その内訳が1社×１００万円よりも、5社×20万円のほうがリスクは少ないです。

金融機関なども、あまりにも特定の会社に売上を依存している場合は、気にする場合があります。 1社目の売上が初回20万円の受注から１００万円に上がった場合、さらに２００万円、３００万円と目指しながらも、同時に、2社目の初回20万円の受注ができる新規開拓をしたほうがリスクは分散されるのではないかと思います。

個人向けビジネスの場合は、特に近年はＳＮＳなどのプロモーション一つで、爆発的に売上が伸びる可能性があります。そのため、事業計画の策定の際には、法人向けのビジネスに比べて売上の急拡大の絵が作りやすいと言えますし、実際にその可能性があります。

❻ 直営方式か、委託・受託方式か

自社で全てを賄うか、得意な部分だけを請け負うかによってリスクやリターンも違います。

新規事業が初めての業界へ進出する場合、自社でその事業のための正社員を雇った場合、うまくいけばいいですが、短期間で撤退という際に、その新規事業のために雇った正社員をどうするのか、というリスクがあります。

委託方式をとることによって、委託先の社員で運営を行ってもらうことで、もし事業がうまくいかなかったとしても、委託先との契約を終了するだけでいいので、「その後」のリスクは減ります。また、委託先のその業界の専門性の知見を活かすことで、全て自分達でやるよりも、委託先の運営によるほうが、事業そのものが軌道に乗りやすく、失敗が少ない、という可能性もあります。

反対に、受託の立場からすると、受注を受けたものは確実に売上になりますので、リスクを抱えることがないというメリットがありますし、「モノ」の受託の場合は、在庫リスクを抱えないメリットもあります。一方で、相手側から金額交渉をされて利幅が少なくなる可能性はあるでしょう。

❼ 100%自前か共同出資か

ビジネスを100%自己資金でやるのか、あるいは複数の会社で集まって、資金を出し合い利益もリスクもシェアするのか、会社の資金的な体力などによって、使い分けてもいいかもしれません。前者は利益が出た場合は100%自社で受け取れますが、後者は出資比率に応じて割り振るのでもらえる利益は100のうち20や30かもしれません。反対にうまくいかなかった場合は、前者は100%リスクを負いますが、後者はリスクも分散されます。

たとえば本業の運転資金の数倍もかかる魅力的な新しいビジネスがあり、それをやりたい場合に、全て自前でやってもし失敗したら、主力事業もろとも会社がひっくり返ってしまうリスクはあります。それを避けるために他の会社に声掛けをして2社や3社で共同出資をして新会社を作ってそれぞれお金と人員を出し合って、利益も比率に応じて分配する、という形式をとることで、利益の分配額は減りますが、リスクも減らすことができます。

❽ 売上に比例して費用がかかるか否か

一般的なビジネスでの売上は、売上額が伸びれば、それに対する費用額もそれに応じて上がりますが、たとえばアプリやソフトウェアなどのような、「初期の開発費＋メンテナンス費用＋広告宣伝費」などが主な費用構成の製品であれば、もしヒットをすれば固定費は一定で、売上は飛躍的に伸びます。したがって、売れれば売れるほど利益率が格段に上がります。反対に全く売れなかった場合、先ほどのローリスク・ハイリターンの項目でも触れましたが、開発費用や広告費用を早い段階で打ち止めにすれば損失はそれほどありませんが、プロモーションで巨額の広告費用を使い、継続して開発エンジニアを多く雇い続けた場合、「店舗売上が0円で人件費と広告費を使っている状態」と同じになり、一気にハイリスクになります。また、納期が遅れれば遅れるほどコストもかかり、売上機会を逸します。どれくらいの予算と納期で開発をするか、そして予算内、予定時期で製品が完成できるか、そしてもし売れなかった場合、どこで撤退するか、というマネジメント能力が求められます。

❾ 実店舗の有無

実店舗があったほうが、一般的には「安心感がある」と評価されます。外国人の友人の中にも日本製品に関して「インターネット上だけしかお店がないよりも、実際に日本に来て店舗があるのを確認し、その上で実店舗やインターネットでその商品を買う」人もいるそうです。ただし、固定費（賃料、人件費）がかかり、昨今の新型コロナウイルスのような事態や天変地異などが発生した場合に、リスクがあります。

手持ち資金が少ない場合はまずＥＣサイトでできるビジネスからスタートして、いずれ実店舗を構える、という流れもあるでしょう。実店舗から始める際も、業績が好調だったら2店舗目、3店舗目と実店舗を増やしていくことと並行して、ＥＣサイトなど、転用してビジネスができないかということも考え利益を投資していくのもリスクヘッジになるのではないかと思います。

一つの事業内容しかなくても「新規事業的、多角化的」なことはできる

新規事業、多角化といっても、「そんな余力はない」「お金もない」「人材もいない」「時間もない」という方も多いと思います。**私は新規事業や多角化といったものを実際にやらなくても、「常に意識する、考える」という習慣付けが大切で、それがいざという時に身を助けると思っています。**

実際には一つの事業だけれど、中身が「新規事業的」「多角化的」なことはできるのではないかと思います。

個人事業での例になりますが、私は会社員から独立して10年近くになります。経理という仕事でどう生き延びてきているかをお話しますと、はじめは「フリーランスの経理」という肩書を名乗り、契約をいただいた会社で経理処理や給与計算など、総務経理業務の実務の代行をしていました。仕事は順調にいただいていたのですが、「自分も年を取ったら、若

い人に作業スピードが負けてしまう」と思い、なるべく手作業でない仕事もやりたいと思い、コンサルティング業の仕事も始めるようになりました。

またしばらくして、「自分がもし病気になったら今のままでは収入が0円だな」と思い、病気でもできる仕事を確保しておきたいと思うようになりました。それで、執筆の仕事であれば病床でもできると思い、積極的に行うようにしました。

さらに、「究極は自分が何も動かなくても入金があるビジネス、つまり自社製品を考えないといけない」と思いました。しかし人手もお金もないし、リスクもそこまでとれない。そこで法人向けの経営改善のノウハウを個人に置き換えて節約のアプリを作ろうと思い、フリーランスのエンジニアを探し、委託をしてアプリを開発・リリースしました。

このように、私の場合は「経理」という一つのジャンルを「事業」ととらえて、法人向けと個人向け、自分の稼働の要不要、などさまざまな条件を設定しています。それぞれのリスクが被らないように仕事をいただくことで、外出自粛要請のようなことがあっても、なんとか生き延びることが今のところできています。

一つの事業しかなくても、そして資金や人手がなくても、自分が持っている価値や資産で、もっと深堀りして考えれば、まだまだ新しく「売上になるもの」が出てくるかもしれません。「考える」ことは無料です。

「優秀な人材」は、有限である

業績が好調の会社が勢いに乗って「3年以内に100店舗を目指す」などと多店舗展開を公言して、失速するケースがあります。

たとえば飲食店でそのようなことがあると「希少性がなくなった」「味が飽きられた」などの分析記事も出ていますが、少し違うアプローチもあってもいいのかなと思います。

私が思うには、店長レベルの、「計数感覚もあり、かつ人間性も豊かな人」というのは数が限られていて、各会社の取り合いになっているからだと思います。

そもそもそういう人は今の時代は独立する人も多いですからなおさらだと思います。特に店舗の売上を上げる施策などは、計数感覚がない人では難しいです。即戦力が中途採用で採れればいいですが、そうでなければ、たとえば売上原価には何が含まれるとか、最低限の計数的な社内研修をして「育てる」ということをしないと多店舗経営のビジネスはハードルが年々高くなっていくのかなという気がします。研修講師は少し手当をつけて、経理部の社員にお願いしてもいいと思います。

これからの時代の新規ビジネスは、事業内容や利益率、資金額など一般的な要素のほかに、「どれくらいのスキルの人材が何人必要で、それが本当に確保できるのか」という要素が、最重要ポイントの一つになると思います。

これまでは、事業モデルを固めた段階で「じゃあ求人採用しようか」という、応募があって当たり前の流れで事業計画を立てていたと思いますが、「優秀な人材が想定より集まらなかった」という理由でビジネスが頓挫しているケース、**つまり事業モデルは秀でていてもそれに見合う人材を確保できなかった、教育できなかった、ということが実際にはかなりあるのではないかと思います。**

お金はヒトにも紐づくので、計数的な社員教育を、しないよりはしたほうが確実に数字は上がるのかなと感じています。

利益額、利益率から逆算して新規ビジネスを考える

「こういうビジネスがしたい」という一般的な発想方法とは逆で、利益額、利益率から逆算して最低でも粗利が50％以上のビジネスを何か考えよう、という発想で新規ビジネスのアイデアを出し合うというのも、計数感覚、ビジネスセンスを養う一つの方法です。

たとえば一人で起業するとして、粗利率が50％以上になるビジネスを考えよう、という課題を出せば、当たり前に自分の給料は40万円で当然だと思っていた人が、粗利50％と考えると最低でも80万円以上＋諸経費分の売上を上げなければいけないとか、家賃など一般コストも差し引いてもなお利益を出さないといけないとか、正しく数字を認識できるようになると思います。「40万円しかもらっていない」と思っていたのが「40万円ももらっていたんだ」と数字の見方が変わるかもしれません。

経理が企画100本で現場に新規事業案をばらまく

経営者がよく望まれるのが「生産性を上げたい」、「お金をなるべく使いたくない」ですが、それであれば、一番簡単な方法があります。それは経理社員に新規事業案を立ててもらうことです。その中から現場が選んでアレンジして、最終的に経営者が決裁すれば、まず大赤字になるような事業にはならないでしょう。

なぜなら、現場主導の場合「全てうまくいって」という考え方で試算する方が多いので、計画より初年度の売上・利益実績が下がることが多いのです。また、お金のオペレーションに関する管理コストを現場の方が全て網羅して予算に反映させるのが難しいと思います。たとえば現地店舗の売上金の管理をどうするのかとか、レジの打ち間違いの処理や報告はどうするとか、端末がエラーになって直している間に二重で入力してしまった、など、いろいろなお金に関する間違いがあちらこちらで発生します。

自社の内部の問題だけでなく、ＥＣサイトで物販をしていて、お客さんが金額を間違えて過入金したので返金しなければいけない、申込者と違う名義で金額決裁されていて、突合に時間がかかるなど、ユーザー側の想定外の行動に対応する人件費など、管理コストが増えて利益率が下がることがあります。

経理であれば、そうした現実的に発生するコストもわかっています。数字が苦手で経理をやっている人は少ないでしょうし、商売について考えるのも好きな人も多いので、経営者が思っている以上に経理は意見を聞かれれば普段思っていることをいろいろと言ってくれると思います。

ただし、もし経理のアイデアが採用、事業化されたら手当を経理社員にも支給していただければと思います。経理はインセンティブの仕事がなかなかないので、「もっと仕事がしたい」というモチベーションの高い人の中には、インセンティブのある職種に転向してしまう方もいます。経理にそうしたインセンティブのある業務があれば、経理社員のモチベーションも、会社の利益も上がるのではないかと思っています。

できる経理は「全てうまくいかなくてトラブル続きでも、これくらいは利益が残る」という発想でリスクを加味した数字を反映させたビジネスモデルを考えることができます。

既存事業は社員が行い、経営者は常に新規事業を開拓する

ある会社から経理部の研修依頼をいただいたときのことです。

その会社の会議資料を見て驚きました。５つの事業を行っているのですが、月例報告の資料がＡ４の紙１枚だったのです。著名な経営者でもそのようにしなさいという方がいますし、私も会議資料の枚数に上限を決めて、増えないようにしましょうといつもお伝えしてはいるのですが、本当にＡ４の紙１枚にしている会社は初めて見ました。

ただ、驚きはしたのですが、反面、「そうだろうな」という納得をしたのも事実です。というのも、事前にその会社のホームページを拝見したところ、お正月からクリスマスまで、そしてパーティからご進物まで、というように、ありとあらゆるシーンの販売用途の提示がしてありました。

そしてデザインセンスやＳＮＳとの連携など、どう考えても20代～30代の社員が主力で

運営していないとこうならないな、という若々しさをホームページから感じました。

しかしそれでいて、若さ特有の隙や粗さというのもありません。実際に訪問して話を伺うと、経理部もリーダーは新卒の入社10年前後の方が既に中心になって、他の部署も同様に、役員世代の下の世代が中心に仕事を行っているとのことでした。では役員世代の方たちは何をしているのですかと聞くと、主力事業ではなく、他の新規事業にかかりきりで、だから主力事業は部下に任せています、ということでした。


いろいろな会社を訪問させていただいたくと、情熱のある経営者の方ほど、社員の仕事に口を出してしまう、という傾向があり、そうすると社員が自立しにくいという矛盾が生じてしまうことをどう解決したらいいのだろうと考えていました。

私自身、いつ自分が成長したのだろうかと考えると、新卒で入社した会社は上司が暗算7段でしたので、今思うと、全て上司が私のミスをそこで止めて指摘してくれていました。だから仕事で恥をかいたことも全くありませんでした。

その次の会社以降はベンチャー系でしたので組織図上は上司がいるのですが、上司もプレイングマネージャーですから、基本的には自分のことは自分でやる、という雰囲気でした。だから無知な部分は本屋に行って自分で調べていました。

対外的な交渉も自分でやらないといけなかったので、そこで初めて相手に言い負かされたり、恥をかかされたり、そういうことで一気に自覚が出て、勉強をして成長していった気がします。だから過保護すぎるのもよくないと思いつつ、しかし売上を抱えた部署で部下をいきなり放任にすると今度は売上が落ちる。上司と部下の関係というのは、数字を加味しなければ簡単ですが、数字が関わってくるととても難しいのです。

そう悩んでいた時に、その会社のやり方を見て、解決のヒントがあると思いました。

社員も育ち、数字も伸びる理想の形は、経営者は新規事業に没頭しつつ、その合間に部下に任せた主力事業をチェックレベルで見る。それ位がちょうどいい熱量の加減で、社員も自立して成長しつつ、売上も経営者が「チェックだけ」することで、知らない間に数字が下がっている、というリスクを避けることができるのではないかと思います。

経営者も手持ち無沙汰だとやはり部下の仕事に目がいってしまいますし、それだけにとどまらずに口を出してしまいます。

また、経営者の方は熱量が高いので、社員にとっては火炎放射器のように熱すぎる場合があります。熱量が多い人は「君たちも熱量を持ちなさい」という指導の仕方もありますが、自分が少し距離を置いて「適温にする」というやり方も「あり」ではないかなと思います。その二つのやり方を状況に応じて使い分けてマネジメントしてみてはいかがでしょうか。

経営者の中にはリモートワークに抵抗がある方も多いかもしれませんが、むしろこうした場面では経営者がリモートワークのツールを活用するということも「あり」だと思います。これまでは部署の活動拠点が違うと、経営者の方が行ったり来たりしたり、どれか一つの事業にかかりきりだと全く他の事業部の様子がわからない、ということもあったと思います。しかしリモートワークのツールを使えばある程度解決します。社員も、週に1日は「リアル社長」で、残り4日は「リモート社長」くらいのほうが、社長に依存せず、自分達で考えて仕事を進める習慣がつくかもしれませんし、万が一トラブルが発生した時もリモートでつながっているので安心です。これからは社員一人ひとりが「自律・自立」をして、経営や数字のことも一緒になってある程度は考えてくれないと生き残っていけない時代です。「経営者がリモートになることで社員を育てる」という発想もあっていいのかもしれません。

新規事業を経営者が開拓し、それが軌道に乗ったら社員に任せ、次の新規事業を開拓する。経営者に売上が集中してしまう会社は、投資家や金融機関が「もし経営者に何かがあったらどうするんですか」というリスクを懸念します。

このような方式であれば、そのようなリスクを徐々に下げつつ、売上も維持することができます。

儲かっている会社の開示資料を熟読する

意識してやっていたわけではなかったのですが、会社員時代から行っていた習慣があります。ニュースなどで「儲かっている」と話題になっていた上場企業の「決算短信」といわれる開示資料の数字と内容を読んで、実際に何が儲かっているのか、また収益構造などを見て、なぜ儲かっているのかを分析して、「うちの会社もこういうビジネスをすればいいのに」と考えたり、「もし自分だったらこのビジネスモデルを参考にどういうビジネスをするだろうか」と空想したりしていました。

「最初は真似から入る」といわれるように、どのようなビジネスを考えればいいのか、誰も相談できる人もいない、コンサルタントを雇う余裕もない、という人も、各上場企業のホームページのＩＲ資料というコーナーで決算短信は無料で閲覧できるので、それを手本にして考えてもいいと思います。

自ら利益が出ている会社を探して「どうしてこんなに利益が出ているのだろう」と分析をする。ただ、そのまま全ての真似というのは無粋ですので、これをアレンジして、自分のスキルや人脈でどのような新しい形態のビジネスができるだろうか、と考えてみるのも、いいと思います。

「決算書の読み方」というカテゴリーの本は常に書店にあり、そして常に売れています。しかし裏を返せば、それだけ途中で挫折してしまう人も多いということなのではないかと思います。それよりも先に、まずはもっと簡単で実利があること、**つまり「儲かるビジネスモデルの考え方」に着目したほうが、実際に会社でも新規事業案を募集していたり、あるいは知人とお金を出し合って起業的なことをしてみたりもできますから、有意義で楽しいのではないかと思います。**

その上で、簿記や決算書の本を買って勉強を始めてみると、「実利」が関わっていますから、やる気も全然違ってくると思います。また、決算書というのは、「その会社の人間の全ての行動の結果を数字に換算したもの」ですから、決算書の数字を良くするということは、「いかに儲かるビジネスモデルで、人間も儲かる動きをするか」ということでもあります。儲かっている会社の社員の方たちの動きをウォッチングするだけでも、十分に数字改善の参考になると思います。

第8章

会社を潰さない「プロ社員」の採用、育て方

強い会社は全部署が強い

以前、あるセミナーイベントで登壇させていただいたとき、一番前の席で熱心に聞いてくださっていた若い方たちがいました。セミナー後に名刺交換をしたところ、本社が随分離れた場所だったので、出張か研修の帰りに参加してくださったんですか、と聞いたところ、わざわざ私の話を聞くだけのために、特急電車で何時間もかけて出てきて、そして今からすぐ帰らなければならないとのことでした。にも関わらず、電車の時間ぎりぎりまで熱心に追加の質問をしてくださいました。

私が会社員時代の時はセミナーに参加しても後ろのほうに座って、質問しようかなと思っても、まあいいか、と帰っていたことを思うと恥ずかしい限りですが、やはり勢いのある会社は経理社員のモチベーションのレベルも高いのだなと思いました。

しばらくして、あるテレビ番組でその会社の絶好調の秘密という特集を見ました。その会社では新商品の開発会議で、いいものがあればその場で即採用、すぐ試作品を作り、数時間後には店頭で販売してしまうという、すさまじいスピード感でした。こうして文字化しただけでも、この会社さんは利益が出ていそうなイメージが湧くのではないでしょうか。個人商店ならともかく、それなりの規模の会社でこれだけ早く動けるということは、全部署全社員の動きが早いのだなと思いました。商品も工番管理しているでしょうから、それをその場でデータ登録して、というスピード感が管理部門もないとこうしたことはできないので、強い会社は動きが早い、と改めて思いました。

経営者の方が「この部署は重要だけど、この部署は普通」というような偏見を持っていると、こういった組織はいつまでも作れないと思います。

「全部署大事だし、全員が強くなければいけない」という考えが社員に伝わっていて、お互いに切磋琢磨している状態が強い会社では出来ているのだと思います。

経営者が想像する以上に会社は大きくならないと言いますが、たとえば経営者が「経理なんて誰がやっても同じ」と思っていたら、いつまでも現状維持でそれ以上に利益が伸びることはないと思います。

強い部署には「プロ社員」がいる

組織において、肥大化させた組織でない限りでは、基本的にはどの職種も大切ですし、大切だという形に持っていかないといけません。では誰が持っていくか、経営者のほかに各職種、各部署にいるべき「プロ社員」が必要になります。

プロ社員とは、仕事もできて、頼りにもなり、経営者にも進言でき、部下の手本にもなれる「エース社員」です。

そこで、基本となるいくつかの職種の「プロ」の方たちに「会社を潰さない職種別プロ社員」の要素を伺い、それらを計数的観点から分析してみました。

経営者の方にとっては、各職種にはどういう人材を採用し、どのように教育したらその部署が強くなり、数字も良くなるのか、という参考になると思います。

会社を潰さない営業は、「攻めの営業」ができる

営業出身の経営者であれば、営業社員の採用面談でその「向き、不向き」がわかるでしょうし、入社後の社員教育も慣れていると思いますが、それ以外の職種出身の経営者は、どの点を採用基準にしたらいいのか、そしてどう社員教育をしていけばいいのか試行錯誤、腐心しているという方もいると思います。

そこで数十年営業経験のある営業コンサルタントの方に会社を潰さない営業社員について伺いました。

まず営業には形式として「受身の営業」と「攻めの営業」という2種類があります。

・受身の営業……旅行業者・百貨店・家電量販店・携帯電話会社など、カウンター

セールス

・攻めの営業……自動車業界・保険業界・機械販売など

受身の営業は、お客様が目的を持って来られるので成約率が高く、営業力そのものはそれほど豊富でなくても活躍しやすい環境です。

そして新卒の新入社員の多くが、営業というものをこの受身の営業をイメージしています。そのような彼らが攻めの営業に配属されると、業種を問わず1年で半分、3年で7割退職し、10人いた営業の新入社員は3年後には3人になっているとのことです。

次に、会社を潰さない営業社員の特性を挙げて頂きました。

会社を潰さない営業社員10か条　※（　）はその反対

❶性格的に外交的である（内向的である）

❷自然に笑顔が出る、ポジティブな表情が日常的（ネガティブである）

❸常に問題意識を持って行動している（平凡な日々を送っている）

❹販売プロセスを把握して営業活動できる。計画的な訪問ができる（プロセスが組

み立てられない）

❺与えられたノルマを確実に達成出来る（ノルマが達成できない）

❻売掛金の回収が１００％出来る（回収がなかなかできない）

❼顧客に対して提案ができる。コンサル営業ができる（提案ができない）

❽顧客からの相談、課題を解決出来る（解決できない）

❾報連相が正確にできる（正確にできない）

❿会社の方針を理解して営業活動できる（自分本位の営業になっている）

受身の営業は、1と2があれば十分対応できます。ただし攻めの営業には1から10の要素が必要になります。営業社員の採用面談では、1と2が絶対条件になりますので、その判断をし、採用後は、攻めの営業の場合は、3から10を教育していかなければなりません。

この3から10を見てみると、「課題解決」と「売上」、つまり、結果的にビジネスや数字につながる要素です。営業というと、勢いとか根性とか体力とかそういったイメージがありますが、できる営業社員は間違いなくまず「頭」を使っています。そして見ていただいてわかるように「問題解決能力」と「計数感覚」に優れています。

また、攻めの営業には、報奨金などの目標があったほうが社員のモチベーションが上がりやすいです。できる営業社員の中には「自分は○○万円獲得して理論上は□□万円粗利がでているはずなのに、どうしてあの人より報酬が安いんですか」と、暗算が経理より早い人がいます。トップセールスマンになればなるほど「まあまあそういわずに」というごまかしはきかないので、経理部や人事部などとも相談をして、オープンな計算式で報奨金の制度を作ったほうが、できる営業社員はモチベーションが上がります。

一方で、営業社員の中には、取引先に押し切られて利益がなくなってしまうくらいの値引きをしてしまったり、見積り金額に入れるべき項目を入れ忘れていたり、といった社員もいます。トップセールスの人から見ると「どうしてそんなことをするのかわからない」と思うかもしれませんが、これは「計数感覚」の問題だと私は思います。トップセールスの人には最初から計数感覚が備わっている場合が多いので、それが誰にでもあるものだと思っているかもしれませんが、実際はそうではありません。いくら営業スキルを積んでも、計数感覚が下地にないと、結局ノルマに焦って安い値段で売上を立ててしまうことは改善されないので、このような場合は、経理も協力をして、「粗利とは何か」「見積書はどう計算して作ればよいか」など、基本的な数字スキルをまず注入した上で、営業スキルを磨く指導をされると良い結果が出てくると思います。

会社を潰さない広報・ＰＲは、一人でも多くの人を「味方につける」

外資系飲食、テック系ベンチャーなど、さまざまな業界、規模の会社を横断されて広報・ＰＲとしてご活躍されている方にお伺いしました。

一般的な広報・ＰＲは、

・「過去」の経験、実績に自信がある
・「業務」として一生懸命仕事をこなす

会社を潰さない広報・ＰＲは、

・自分の領域を決めつけず、何事にも興味を持ちトライできる
・自分の会社・ＰＲ商材をこよなく好きになれる

会社を潰さない広報・ＰＲは、自分が「経験したことがないこと」「知らないこと」に興味を持ち、それに躊躇なくトライができる。そしてその経験をヒントにさらに自分の仕事に還元することができます。自分の知らない領域を一つでも減らすことで、世の中全体の流れを敏感に察知することもできます。

また、自分の担当する「会社」「ＰＲ商材」をこよなく好きになれることも重要です。好きになることで、決まりきった業務の範囲を超え、どうすれば１秒、１媒体でも露出が増えるか、周囲をも巻き込んで盛り上げることができます。

対して一般的な広報・ＰＲは、自分の過去の経験をもとに、一生懸命自分の仕事をこなすことに集中しようとします。会社からの評判はいいことも多いですが、広報・ＰＲという仕事は「１＋１＝２」という決まった答えがない業務なので、こなすだけでなく、「何のために、なぜなのか」など、会社の魅力や一つの商材に対して流れ作業ではなく深く頭を使う必要があります。

また他業種、他職種の人達とも積極的に交流を図っていないと、自分の業務範囲だけでは得られる知識は限られるため、世論を読み違えることもあります。まさに今のライフスタイルの変化のように、昨日までは当たり前と言われたものが翌日には正反対の風が吹くことがあります。過去の経験や実績、セオリーだけにこだわっていると、その潮目に気づかず絶好のタイミングを逃してしまうことがあります。

一般的な広報・ＰＲが、「決められた業務をミスなく全うする」ということをゴールに設定しているのに対し、会社を潰さない広報・ＰＲは、「どうすれば１秒、１媒体でも露出を増やせるか」ということにゴールを設定しています。

そのためには、いかに多くの人を巻き込んでムーブメントを起こすか、つまり一人でも多く「味方を増やすか」ということを理解しています。

良い広報・ＰＲができれば、売上の促進だけではなく、広告宣伝費を最小限に抑えることができますので、計数的観点から見ると、かなり鍵になるポジションです。

広報・ＰＲの評価は、通常の評価に加え、「この人達がいなかったら、実際にどれだけの費用を本来はかけなければいけなかったのか」という広告換算という視点からも評価して差し上げると良いと思います。

会社を潰さない秘書は、「経営学」を学んでいる

海外での勤務経験もあり、ＶＩＰクラスの方たちの対応も多数取り仕切ってこられた秘書の方が提示してくださった「一般的な秘書」と「会社を潰さない秘書」との違いで、私が特に印象深かったのは、この３つの違いです。

一般的な秘書は、

・華やかさや優雅さを大切にし、秘書というブランドイメージを築くことに注力する
・秘書としてのロールモデル（お手本）を探している
・秘書検定や秘書セミナーを学ぶ

会社を潰さない秘書は、

・補佐役として黒子に徹し、清潔感やいい印象作りに気を付ける
・秘書としてのロールモデルではなく、自身がロールモデルになる
・経営を学ぶ

この方は自費でビジネススクールに通って学びを得てから、さらに秘書の仕事がぐっと楽しくなったそうです。確かに、経営者のアポイントや伝言などは、その内容は経営用語や会計用語などに溢れています。何も知識がないと、ただ言葉を伝言しているだけで内容は他人事ですが、そういった知識を得ることで「今会社はこういう状態なのだ」と、「自分ごと」にでき、より経営者の気持ちに沿った動きができます。経営者と物理的に一番近いポジションですから、経営者が何をしているのかが本質的にわかれば、これほど面白い立ち位置の仕事もないことでしょう。

そして秘書の方からの言葉で印象的だったのは、「秘書をただの雑用係にしないのが、一流のリーダーだと思っています」。という言葉でした。

多くの経営者は決して秘書を雑用係にしているつもりはないと思うのですが、いい意味

で「秘書は秘書の仕事だけやってくれていれば合格」というのが、気概のある秘書の方からすると「どうしてもっと自分に期待をしてくれないのだろう」と思っている人も少なくないと思います。

経営者と秘書が「この予算の数字、客観的な立場で見てどう思う?」「この粗利は少し低すぎますね」という会話をしている会社があったら、最強クラスの会社だな、と私は思います。

経営者が秘書のモチベーションを上げ、秘書がそれに引き上げられて経営者の視座に近づいていく、その結果によって、会社を潰さない経営者と会社を潰さない秘書のタッグが生まれるのだと思います。

会社を潰さないエンジニアは、「キャッシュフロー」を気にしている

ＩＴ系企業の取締役もされながら、ご自身もフリーランスのエンジニアとして活躍されている方に伺った「一般的なエンジニア」と「会社を潰さないエンジニア」の違いは、

一般的なエンジニアは、

・視座がエンジニアの目線

会社を潰さないエンジニアは、

・視座が経営者の目線

ではないでしょうかということです。

開発においては、

・どのような技術で開発するか
・どのような機能を実装するか
・どのような手法で進めるか

など、決めなければいけないことが数多くあります。それを経営目線で高い視座で決めるべき、だということです。

たとえば、技術的な知見、スキルだけでなく、事業の動向、会社のキャッシュフロー、世の中の時流など、俯瞰して鳥の目で判断、提案することができる人であれば理想的です。

一方で、「最新の技術だから」「多くの機能が実装されたほうがいいに決まっている」「一般的にこうあるべき」など開発者目線「のみ」になると、時と場合によっては、予算をオーバーして会社が資金不足に陥る、あるいは納期が遅れて売上機会を逸する、というような金銭的なリスクを会社にもたらす恐れもあります。

会社を潰さないデザイナーは、「自分が潰れない」術を知っている

ＷＥＢ制作会社を長年経営されていて、ご自身もデザイナーの方に伺った「一般的なデザイナー」と「会社を潰さないデザイナー」の違いは、

一般的なデザイナーは、

・自分で仕事を抱え込みがち
・自分からＳＯＳを出さない

会社を潰さないデザイナーは、

・課題に気づき、業務フローの改善、効率化に前向き
・自分からＳＯＳを出せる

ということです。

デザイナーの方々は、他の職種の働き方とは少し異なるので、周囲から「仕事を抱えすぎじゃないかな」「大変なんじゃないかな」と気づかれにくく、そして気づいてあげられたとしても業務そのものは他の職種の人では手伝ってあげることができません。

そのため、自分で仕事を抱えすぎていたり、助けて欲しいというような場合に自分からＳＯＳを出さない人も多く、それによって、自身が体調不良になったり、納期に遅れが出ることもなかにはあります。

一方で、「会社を潰さないデザイナー」は、依頼されたデザインの作業だけではなく、依頼内容の課題に気づいて指摘をし、社内業務も「もっと業務フローや仕組みをこうしたら効率的にできるのでは」ということにも前向きで、生産性も向上させてくれます。また、自分から「ちょっと納期に間に合いそうにないから助けてくれませんか」とＳＯＳを出せるので、結果的には納期を守ることができ、自分を体調不良になるまで責めない、追い込まないので、安定した仕事ができるそうです。

自分で「無理だ」と分かったら早い時点で手を挙げてもらうことで、代わりにできる能力の人を社内外ですぐ見つけて手配をし、無事納期に間に合わせる、ということができるのだと思います。

会社を潰さない商品開発担当は、「素人の目」を忘れない

海外で十数年日系商社に勤め、帰国後はフリーランスとしてさまざまな会社と商品開発の仕事をしている方に伺った、「一般的な商品開発担当」と「会社を潰さない商品開発担当」の違いは、

一般的な商品開発担当は、

・数値的なスペック、量的指標ばかりを追う開発者
（例：当社比較で○%向上、他社比較で○%効果的）
・社内のリソースだけに頼る
・開発している商品を「消費者にとってのモノ」という軸でとらえる
・流れでなんとなく最後まで商品を開発してしまう

・専門家の目で開発する

会社を潰さない商品開発担当は、

・量的指標だけでなく、質的指標をバランスよく提案できる開発者
・社内だけでなく、社外のリソースの活用や他社と協創できる
・開発している商品を「消費者にとっての意味」という軸でとらえる
・途中で中止する勇気を持っている
・素人の目を忘れない

とのことです。

経理的視点からみると非常にわかりやすい差で、一般的な商品開発担当は商品を完成させることをゴールとして設定しており、会社を潰さない商品開発は、利益を出すこと（損失を最小限に抑えること）をゴールと設定しています。

実際にお金を出すお客様（それが売上になる）にとっていいものを開発目的とし、そのためであれば自分や自社の枠にとらわれず、外部からの協力や意見もどんどん取り入れる柔

軟な姿勢が会社を潰さない商品開発担当者にはあります。

また、売れる見込みがなさそう、商品開発が難しそうだとわかった時点で開発を中止するということは、開発担当者としては消化不良、不本意でしょうが、経営の視座で見てみると、リスクが分かった時点で支出を止めてくれたほうが、損失が最小限で済みます。もし売れないリスクを認識しているのに流れで最後まで開発、商品化した場合に、そこへさらに宣伝販促費を大量にかけ、想定通り売れなかったら莫大な支出、損失になります。

会社を潰さない商品開発担当は、その開発費が「どこから捻出されているのか」ということをよく認識していると言えます。

会社を潰さない店長は、お客様と「同化」する

某大手外食チェーンで5年間にわたり店長を勤められた経験のある方に伺いました。オーナー店ではなく、チェーン店での経験でもよければ、とおっしゃいましたが、オーナー店においても十分参考になると思います。

一般的な店長は、

・自分が誰よりも頑張ることが使命と考えている
・スタッフと同じ目線に立って働こうとする

会社を潰さない店長は、

・人材育成こそ店長の重要な仕事と考えている

・お客様目線で店舗全体を客観的に観察する

会社を潰さない店長は、一番忙しいときにゆっくりとコーヒーを飲むことができる。つまり本当に人が育っている店舗では、スタッフだけで店舗運営ができています。「人材育成」ができているということです。

では店長は何をしているかというと、客席に座ってお客様と同化して、「空調」「BGMの音量」「清潔さ」「スタッフの応対」などをチェックし、課題があれば先回りをして対応、指導します。なぜなら、お客様のほとんどは何か不満を感じても実際には申し出たりしないからです。

会社を潰さない店長は、カウンターの外にも出て、売上の底上げを図ります。「いい意味で」いつも暇そうにしている店長には話しかけやすく、雑談から生まれる会話の中に本音が転がっていることもたくさんあります。

それに対して一般的な店長は、自分が誰よりも頑張ることが使命だと思い、一生懸命スタッフと同じ目線で働きます。

スタッフからも「店長は私たちと同じ仕事をしてくれて優しい」と好印象を持たれますが、異動のあるチェーン店の場合、その「頑張り屋」の店長が異動した後は、自分で考え、自律的に動ける人材が育成できていないため、すぐ組織が崩壊してしまう傾向があります。

また、スタッフと同じ目線で働いているので、見えていないデッドゾーンが必ず発生します（カウンター業務をこなしている時は厨房のトラブルに気づけない、厨房を対応しているときは客席のお客様の不満に気づけない、など）。

「いつも忙しそうに働く」店長には、スタッフは本音を打ち明ける気にはなれず、知らず知らずのうちに、スタッフの不満が蓄積していることもあります。

一般的な店長のゴールが「業務を完遂すること」に重きを置いているのに対して、会社を潰さない店長は、「売上の伸長」をゴール設定とし、底上げするためには自分は何を知り、何を改善すべきか、という視点で行動がなされていると思います。

各職種の超一流の会社員は、自分の職種を経営者の視座で見ている

独立してから、いろいろな職場で、いろいろな職種の「超一流の会社員」に多く出会いました。営業、エンジニア、デザイナー、商品開発、広報、秘書……その方たちにご自身の仕事について話を伺うと「やはりデザインって売上に影響するのか……」「だからPR担当がいる会社といない会社では売上に差が出るのか……」など、「なぜその職種の仕事がないと数字が下がってしまうことがあるのか」ということがよく理解できます。

では「超一流の条件」とは何か、それは「職種の能力＋経営者の視座（数字の視座）」だと思います。

一流の会社員というのは実は結構います。ただ、そのような方たちは「職種の能力」にとどまります。つまり「その仕事の内容」についてはよくわかるのですが、なぜそれが組織に必要なのか、そして会社の業績とどう連動するのか、というのは、その方たちに聞いても

「なるほど」と納得する回答までにはいきませんし、当人達もそのようなことを意識して仕事をしていないかもしれません。

「会社の業績については経営陣がやりくりすること」と考えているのではないかと思います。一流でも十分なのですが、超一流の社員を内包している会社はやはり危機に強いです。経営者の視座で仕事をしているので、どう自分の職種のスタッフたちが考えて行動すれば、会社の数字が下がらないか、ということを経営陣に提案ができます。

ただ、「超一流の会社員」というのは、それほどはいません。だから経営者の中で「この職種って処理をする以外に何の意味があるのだろう?あってもなくてもいいのかな」と思う方がいれば、単にその職種の「超一流の人」に出会ってきていないだけです。その職種のプロの人を見かけたら捕まえて「なぜこの職種がないと経営に響くの?」と聞いてみてください。新しい視点が開け組織作りに活かせると思います。

「売上」を持っている職種と持っていない職種は確かにありますが、「利益」はどの職種でも生み出すことができ、その反対もしかりだということは本書をお読みいただければおわかりになったのではないでしょうか。そこが重要なポイントです。だからこそ「全部署・全員」が大事であり、経営者の方は「全員を活かしきる」ことが経営者としての責任になります。それが実行できれば数字は改善されます。

経営危機の時には経営参謀にトランスフォーム（変化）する社員

経営者の社員に対する教育指導は2パターンあり、営業なら営業だけ集中してやれば他のことは考えなくていい、というパターンと、営業も総合的に他の部署や会社の数字のことも覚えてください、というパターンがあります。

前者はいわゆる「鉄砲玉」、いい意味でのイエスマンとして経営者の言われたとおりにがむしゃらに突き進む体制だと思います。そのような組織は、好景気の時には数字が伸びて強いのではないかと思います。

一方で、後者は不景気の時に強みを持つのではないかと思います。

前者の場合、不景気になった時にも経営者の指示をじっと待っています。後者の場合は、社員達から自発的に経営者にリスク回避案などの提案をしてきます。

経営者一人で不景気対策を考えるのと、各職種の経営者目線の社員数人、数十人の知識

と知恵で対策を考えるのとでは、やはり頭数の多い方が優位です。ただ後者の場合、好景気になると、今度は経営者に「好事魔多し」というような意見を出しますから、経営者としては「勢いを削がれる」「どうして素直に従ってくれないのかな」と思うこともあると思います。

前者の場合は、会社の全体的な数字はあまり見せない、後者の場合は、見せられるところまでは会社の数字を見せる、という職場の傾向があるように思います。

経営者のビジョンがありますので、どちらが良い悪いということはありませんが、景気の状況によって、組織体制も調整するというのもいいかもしれません。

第9章

潰れない会社はリスク管理が強い

「潰れない会社」はネガティブな情報を無視しない

ある会社が協賛金を集めるイベントを企画していた時、大口のスポンサーの一社が突然キャンセルを申し出てきたそうです。その理由が全くわからず困惑したそうですが、仕方なく代わりのスポンサーを一生懸命探し、なんとか半年後そのイベントは執り行うことはできたそうです。

ただ、「どう考えても潤沢にお金がある会社なのに、あの出来事は一体何だったのだろうか」といぶかしんでいたそうです。そしてその半年後、リーマンショックが起こりました。

私はその会社がリーマンショックそのものを予言したとは思いませんが、世界中の支社からのデータや情報の中から上がってきたネガティブな情報を軽視、無視せず、「何かこれまでに経験のないようなことが近いうちに起きそうだ」という違和感や危機感は察知したのではないかと思います。そしてその協賛金だけでなく、会社全体の経費の引き締めを来るべき時に備えて図ったのでしょう。**こうした危機察知能力の高い会社は他社に比べて圧倒的に強いと思います。**

反対に、危機察知能力の低い会社というのは、鈍感ということではなく、ネガティブな情報を軽視、無視するのだと思います。もしネガティブな情報が入ってきても「そんなことたいしたことではない」「何か起きたらそれはその時だ」と、却下してしまうのです。そして実際にアクシデントがあるたびに予定外のコストがどんどんかかっていきます。他の費用は予算通り消化してしまっているので、結果的に経費を予算内に抑えることができません。常に予算にくらべて実際のキャッシュアウトのほうが多くなり、赤字になりやすい体質になっていきます。

ネガティブな情報もポジティブな情報と同じように目を背けずに都度真摯に向き合い対応を練る丁寧さが手元にキャッシュを残します。

リスクはコストを連れてくる

なぜ会社はリスクを想定できないといけないのでしょうか。それは、リスクはコストを連れてくるからです。今、自分の会社、自分の仕事で、外的要因、内的要因でどういったリスクがあるかをすぐ書き出せるでしょうか。そしてそれがもし発生した場合、どれくらいのコストがかかるでしょうか。**そのようなことを、経営者から若手社員まで年に1度くらいは、洗い出しておくといいと思います。**それらを集約して実際の会社全体のリスク総額はいくらになるのか。その試算した合計金額分だけ借入の枠を確保しておくとか、保険でカバーができるのであれば保険に入るとか、ワークフローの改善をすればリスクが解消されるのであればそうするなど、様々な回避策を立てることもできます。何も精査していなければ想定外となってしまっていた出費を事前に想定内に押しとどめておく、そのような対策をとっていれば、急な危機が訪れても、最低数カ月は耐えることができ、その間に次の施策を練るということができます。

リスクを想定できる3要素は、「経験」「想像」「計算力」

リスクを頭の中で想像する場合、その人が生きてきた生活環境、職場環境が大きく影響しているようです。これに関しては大企業出身の方は不利ではないかと思います。なぜなら大企業出身の方の話を聞いていると、仕事上でリスクが発生する機会がほとんどないからです。

まず潤沢に資金があり、そして同じ部署にたくさんの同僚がいます。リスクの二大要素であるお金と人が不自由していませんから、中小企業のように担当者がシングルチェックで資料を間違えるとか、突然病気になっても自分以外に対応できる人が本当にいない、というようなシチュエーションがまずありません。ダブルチェック、トリプルチェックが入ります。

また、大企業であれば、クライアントの一つに突然仕事をキャンセルされても、資金的には問題ないでしょうが、小規模な会社であれば死活問題です。1社に売上の半分以上を依存しているような会社もありますから、1、2カ月以内に資金ショートの可能性が出てくることもあり得ます。

中小企業、ベンチャー企業の場合は、一つのリスクが、あらゆるところに派生していくことが多いので、リスクの想定は業務の一環と言えるでしょう。

リスクをどれくらい想定できるかというのは、やはり「経験」、そして他者のリスク経験をどれだけ想像して自分ごとにできるかという「想像力」、最後に、そのリスクは数字に換算するとどれくらいになるかという「計算力」この3つではないかと思います。

職場環境的に経験が積めなかった人は想像力を、そして計算なんて考えたことすらないという人は、もし自分が仕事で穴をあけたらいくらの損失になるか、という自分自身のリスクからまず数字に換算する習慣をつけると、仕事における計数感覚が養われるでしょう。

売上を基準に、内的要因と外的要因それぞれにリスクを洗い出す

私はベンチャー企業と仕事をさせていただくことが多いので、いつも「ベンチャーは何があるかわからないから、余裕のあるうちに、人材も資産も確保しておいたほうがいい」とお伝えしています。

なぜかというと、一般の企業では一度失敗してもまた何回もチャンスがあるかもしれませんが、ベンチャー企業や個人事業主などは、資金繰りが綱渡りの場合もあるので、一度失敗したら「次はもうない」というケースもたくさんあるからです。

しかし多くの場合は「考えすぎですよ」と言われます。

ただ私としては、いくら自分が経験してきた領域を熟知しているつもりでも、それからまた1年、3年、5年と経てば、その領域も地層のように新しく塗り替えられていきますので、自分が知っているつもりでも、またその時々でリスクがないか一応見ておかないと

いけないと思っています。

リスクのレベルに関してですが、経理的思考でいえば、たとえば売上が突然0円になるものが本当のリスク(大リスク)、売上が50%以上減るのが大きな課題(中リスク)、売上が50%未満減るのが一般的な課題(小リスク)、などと考えるとわかりやすいかなと思います。比率などはこのたとえにこだわらず、会社の業態や規模によってそれぞれの会社に見合った設定をすればいいと思います。それを「内的要因」と「外的要因」それぞれに考えます。

たとえば、店舗を経営している個人事業主で、その人が一人で切り盛りしていたら、その人が病気で突如入院する、という内的要因が起これば売上は0円になって本当のリスクになりますが、個人事業主であっても、アルバイトを雇っている環境の店であれば、入院期間だけアルバイト社員を中心に切り盛りしてもらえば、売上0円にはならないので「課題」に分類されるでしょう。また、ある程度の人数の法人会社であれば、社長が突然入院しても、売上が突然半減することは少ないかもしれません。むしろ製品に間違えて有害物質が混入していて全品回収といったことなど、別の理由で売上0円になることもありえるでしょう。

また、「外的要因」としては、天変地異的なリスクが発生すれば、今挙げた例全てに共通して売上が突然0円になるということも想定されます。

外的要因と内的要因で発生するリスクを、できれば起業する前に洗い出したほうがいいと思いますが、起業してからは1年に一度くらいはリスク項目の見直しをするといいのではないでしょうか。

リスクというのは、その人、その会社の置かれている状況、事業形態によって全て変わりますので、自分の頭で考えないといけません。その基準として、「外的要因でうちの会社が売上0％になる事例」「内的要因で売り上げが50％以上減になる事例」など、シミュレーションをするといいと思います。そうすることで、事前に対策を考え、事業や組織体制をよりリスクの低い方向へシフトさせることができます。

「うちの会社のリスクって何だっけ」という抽象的な洗い出しのやり方ではなく、売上を基準に考えると洗い出しや議論がしやすいと思います。

もし御社のリスク管理部長がネットで誹謗中傷の書き込みをしていたら

今の時代で「会社に損害を与える最もリスクの高い会社員」は、「自分が偉い・賢いと思い込んでいる会社員の暴走」ではないでしょうか。

電車内の喧嘩、あおり運転、ネットへの誹謗中傷……名前のある会社の社員が加害者として特定されたら、**たとえ個人の犯した行為でも社名が報道されてブランドイメージが傷つきます。おのずと会社への信頼、数字や人材採用などにも影響を与えるでしょう。**

以前友人から、「あなたの本をひどい言葉で中傷している人がいるよ」と教えてもらったことがあります。渋々言われたサイトを見ると、図書館で無料で借りたらしい私の本について、確かにここには書けないレベルのことが書いてありました。ところがひょんなことから、その方の実名がわかったので、名前を検索してみました。すると、その方は某有名企業のリスク管理部長でした。事実は小説より奇なり、ということです。本書をまたこの方が中傷しているのを見つけたら、迷わず次の日に会社の受付にお伺いする予定ですが、この方の本当の問題は、今の時代のリスクをリスク担当者でありながら正確に把握していないということです。

多くの会社員がＳＮＳの匿名アカウントをお持ちのようですが、これは双方向のメディアであって、一方通行のメディアではないということに、自覚のない人が多いように見受けられます。一般の人からメディアに出ている人が近くなった分、反対に、メディアに出ている人達からも、一般の人へは手を伸ばせば「ねえ」と、捕まえられる距離にあるのです。

一般の人がファンの動向を毎日ＳＮＳでチェックしているように、同じように相手がチェックしていることもあります。そういう方たちは警察とも連携して相談していますし、いろいろな方法を使えば実名を特定するのはできないことはない時代だと思います。

そうでなくても、運営会社の不手際やサイバーテロで、匿名のアカウントの個人情報が全て露呈してしまう可能性だって現実的にはある時代です。

自営業の人なら自己責任で済みますが、会社員はそれだけでは済まされません。社員が匿名アカウントで誹謗中傷を書くのは、会社の内部統制が及びにくいところですので、会社にとって一番リスクの高い行為の一つではないかと私は思います。

また、数字の視点からいうと、誹謗中傷を書く人よりも、いいコメントを書く人のほうがやはり数字のセンスがある人なのです。

私の母は絵手紙が趣味で、以前、あるメーカーの絵手紙用の文具を代わりに買ってきて欲しいと頼まれました。せっかくなので、母が書いた絵手紙をSNSに載せて、そのメーカーの文具を使って書きました、とコメントを入れたところ、半日もしないうちに、その広報の方からお礼のコメントをいただきました。母も喜んで「楽しみができた」、とSNSに載せる絵手紙をせっせと書いています。このように、いいコメントというのは、売り手も喜び、買い手も喜び、それを見ている第三者も「あ、素敵だな。自分もこの文具を買って絵手紙書いてみよう」となり、皆が幸せになります。だからどんどんいい関係性が連鎖して、そこにお金も生まれます。

ところが、「こんな商品、自分でも考えられる」「期待外れ」など、文句ばかり書き込んだらどうなるでしょう。どうにもなりません。メーカーの人が見たら「何、この人」で終わりですし、第三者も「気分が悪い」と素通りします。そうすると書いた本人はますますストレスが溜まります。そしてもっと気を引こうと過激なコメントを書きます。書くのは自由ですが、そこには一切のお金や幸せは発生しません。たとえば、この二種類のタイプの人が、自分の会社内にいたとしたらどうでしょう。どちらと仕事がしたいですか。そしてどちらがお金を生みそうでしょうか。言うまでもないことです。

年俸が高すぎる職種のリスク

『いのちの水』（新教出版社）という私の好きな寓話の絵本があります。

皆にとって生きるために不可欠な「水」がだんだんと大げさに祭り上げられ一部の特権階級だけが飲めるようになり、最初は多くの人が困り果てたけれど、最後はそれがなくても生き延びる術を見つけた、という話です。

私はこれを読むと、年俸が高騰している職種が、いずれこうなってしまうことがあるなと時々思います。幸い経理はこれには該当しません。経理を仕事にするといいところは、「自分が勘違いしなくて済む」ところです。人間はちやほやされると勘違いしてしまいますから、実力以上に自分を過大評価してしまいます。ところが経理は「要らない職種」だの「なくなる職種」だの言われますから、勘違いしなくて済むのです。

反対に、今人気のカタカナ職種などは、その業界のスターの方も多いので、その人達に引っ張られて全体の職種の平均年俸が高騰していきます。その方たちはセルフブランディングも上手なので、経営者やこれから起業しようという人達は、「そういう職種の人を雇わないと生き残っていけないのかな」「起業にはこの職種の人はマストだ」と思い込んでしまっている側面もあります。

ところが、年俸1000万円の人を一人雇って、その人でペイするというのは実際には簡単なことでありません。社会保険料や通勤交通費、その人へ支給する備品などを考えると、人件費の予算を立てるとしたら私でしたら1000万円の人であればだいたい1・3倍、1300万円くらい多めに人件費を見積もりますので、そこから逆算していくと、会社が雇う場合、事業の種類にもよりますが、最低5000万円~1億円以上の売上貢献がないとペイしないはずです。

これまでは一部の大企業の内部留保やベンチャーキャピタルの資金力で、それが可能だったと思いますが、経理的観点から見ると、それくらいの売上貢献ができる人は会社員では数が限られると思います。

身の回りの取締役レベルでない人が年俸8桁を超え始めた時点で、それに関わる職種や業界は「バブル」ではないかと思います。

良い材料だけれど、あまりにもコストが高かったら、その材料に代替するものを探してビジネスを始めることもあります。それと同じで、あまりにも高い年俸だったら、いくら高い能力や技術を持っていても、そうした人を雇わないでもできるビジネスを皆が考え始めるというリスクも人気の職種の人は考えておかないといけないと思います。

たとえば普段の生活レベルを少し押さえておくとか、万が一に備えて５００万円を２社、３００万円を３社からいただくフリーランスの仕事ができるように備えておくとか。年俸が高騰している職種は、正社員ではなく実力のあるフリーランスを雇って費用を抑えていく会社、あるいは、そういう事業はやめて、人件費のかからないビジネスに切り替える会社もこれから増えていくのではないかと思います。

自分の「今の値段」というのが「実力のみ」なのか、「実力＋過去の肩書」なのか、「実力＋世の中の潮流」なのか、それを一定期間おきに見つめ直す機会を作るのもいいと思います。その上で、生活レベルは純粋な「実力のみ」で試算した予算で抑えておくと、万が一何かあっても、生活水準を下げずに生きていくことが出来ると思います。

会社の製品、サービスなども同じで、あまりにももったいぶっていると、消費者が「じゃあもういりません」「よく考えたら、普通のものでいいよね」と見切りをつけることもあります。会社も人も、絶好調の時ほど、需給の加減を見ておかなければいけないと思います。

リモートワークで拾えないリスクは「判断ミスのフォロー」

リモートワークにおいてのいくつかのリスクの一つに「社員の判断ミスを拾えない」ということがあると思います。ミスをしてもすぐ自主的に報告をする人であればリモートでも問題ないですが、ミスをしても「まあいいや」と普段から自発的に報告をしない人は、職場であれば上司や同僚がその場で気づいて指摘、指導できますが、リモート環境ではそれができません。

また、新入社員に関しては「こういったミスやトラブルがあったらすぐ報告するように」と文章であらゆる事例を事前にまとめて伝えてあげないと、自分から声を上げられない人もいると思います。**特に金銭に関わるミスの抜け落ちは大きな損失を伴いますので、ダブルチェック体制を敷くことをお勧めします。**リモートワークはある程度の実務スキルがあり、かつ、危機意識や自己管理能力の高い人であれば、向いているのではないかなと思います。

第10章

潰れない会社は、組織を経理的視座から見ている

潰れる会社は社員同士の仲がすごく良かった

人事系のソフトウェアの展示会などに私も勉強がてらよく伺うのですが、商品説明をしていただく中で、社内コミュニケーションを改善して社員満足度が改善した、という説明をよく聞きます。それはそれで一つの正解だと思います。ただ、数字の面から考えると、社員満足度が高くなれば、会社の売上や利益って上がるのかな、と思うのです。

なぜかというと、これまで私が見てきた潰れそうな会社は全て、社員同士の仲はすごく良かったのです。ただ、社員達と経営者は意志の疎通がとれていませんでした。したがって経営者と社員間のコミュニケーションが改善されると、数字も改善すると思いますが、社員同士の仲が良くて数字が伸びている会社というのは、あまり思い浮かびません。

数字が伸びている多くの会社は、社員同士が競い合ってライバル関係にあるところが多いので、高い次元では認め合ってはいますが、遊びとかそういう仲の良さというのは実際

にはあまり見かけません。むしろ社員同士の仲が良すぎて緊張感のない職場になり、数字が下がる可能性もかなりあるのではないかと思います。

たとえば予算を達成しなかった人、仕事で大変なミスをした人、遅刻をした人、納期が遅れた人などに対して社員同士で「どんまい、しょうがないよ」と何の検証もなく完結してしまっていることがあります。

本来は、同じ失敗をしないために、なぜそうなったのか、次もそうならないためにはどうすればよいのか、そのためには周囲はどう協力すべきか、というやりとりが行われるのが理想ですが、お互いに傷を舐め合うような関係性になってしまうと数字は下がります。同僚同士、部署同士がライバル関係くらいのほうが「向こうの部署には負けられない」と互いに競い合って結果的に両方とも数字が出ているということもよくあります。

・業務上のポジティブな協力関係がある社内コミュニケーション
・個人的な仲もいいし、どんなミスをしても許し合う社内コミュニケーション
・切磋琢磨する社内コミュニケーション

このうちのどれが、「いい社内コミュニケーション」「満足度が上がる」だと思っているの

か、皆それぞれ違うと思います。そうしたことも社内でディスカッションしてもいいかもしれません。もっとも、会社の数字を上げるということは楽なことではありません。反対に数字の悪い会社は受注がないので暇ですから「経営者は大変で社員は楽」です。

つまり一般的には

・数字は上がっているけれど、社員は（忙しくて）不満が溜まっている
・数字が下がっているけれど、社員は（楽なので）現状に満足している

という二つのパターンに分かれると思います。

現状の人事系のツールは前者の条件を前提としていると思いますが、後者の場合は、社員満足度が高いからそれでいいのかというとそうではありません。営業や経理の施策が早急に必要になります。社員満足度だけではなく、会社の数字など「多面的」に組織を見て、状況に応じて、人事、営業、経理など、それぞれの施策を打たなければいけません。

社員満足度を上げることも大切ですが、まずは売上や利益を上げる施策を実施し、賞与などで少しでも社員に還元し、休暇を取りやすい体制を作ってあげる。それも全員にとって有益で数字も出る社員満足度が上がる施策ではないかと経理的視点からは思います。

潰れない会社は身内事に時間をかけない

今の時代は、評価制度や人事組織があまりにも複雑すぎる気がします。「働く」ってもっとシンプルなもののような気がしています。組織に関しても、シンプルな組織で結果が出るのが一番いいのではないでしょうか。

良い組織というのは、利益が出て、給料がきちんと社員に渡せて、取引先も潤って、関わっている人皆が安心する会社。その会社の組織が、「いい結果を出す組織」ということだと思います。

従って、経営者が会社を「いい結果を出す」組織にしたいのであれば、まず事業を黒字化し、利害関係者にも満足、安心してもらう状態にするにはどのような組織にすべきか考える、ということが優先されるのではないかと思います。

売上を持っている人、つまり内部の人ではなく、外部の人が満足するためには自社の組織はどのような体制にすればいいか、ということを考えれば、外堀から埋まっていき、その会社のあるべき組織の姿、数字がとれる組織の姿が見えてくるのではないでしょうか。

実際にそうなれば、それに応じた対価が内部の人に還元され、内部の人も満足するはずです。皮肉ですが、社内の福利厚生が充実すればするほど、福利厚生目的で入社してくる人材が増えてしまいます。そういう人で数字がとれるかというと、どうでしょうか。逆に経営者の方々にお伺いしたいです。

「うちには福利厚生は最低限のものしかないけれど、その分儲かったら皆に賞与で還元するのでそのお金で自分の好きなことに使ってください」という会社のほうがひょっとしたら数字をとれる人が集まるかもしれません。何事も「ほどほど」がいいと思います。

「良い組織」は、「いい数字の結果を出せる組織」という視点で評価制度や人事組織を意識されるといいと思います。

多くの経営者がついに「リモートでもある程度会社はまわせる」ことに気づいてしまった

私自身はフリーランスとして、以前から直接オフィスに出社したり、リモートだったり、資料を持ち帰って自宅で仕事をしたり、クライアントに合わせて仕事をしているので、「どのような環境でも問題ない」のですが、経営者の方の多くはリモートに否定的ではないけれど、やはり直接顔を合わせて仕事をしたい、という方が多いと思います。

ところが今回の新型コロナウイルスの影響で、「リモート毛嫌い派」の経営者の方たちも、リモートにせざるを得なくなりました。

私はこの状態が一段落した後どうなっていくか考えると、まさにこの「リモート毛嫌い派」だった経営者の方たちが「リモート意外といいじゃん派」になって、積極的にリモートを活用するようになるのではないかと思っています。

私も昔、海外旅行に行ったことがなかった時は、「海外に行って人生観が変わった」という人を見聞きすると、何を言っているんだろう、と心の中で思っていましたが、初めて社員旅行でハワイに強制的に連れて行かれた時に「こんないいところがあるんだ！」と人生観が180度変わりました。

人間とはそういう都合のいいところがあるのではないでしょうか。「リモート毛嫌い派」の人は、リモートが何たるかということすら拒否していたわけですから、理由なき拒絶だったわけです。それがリモートにしてみると「やっぱりフェイストゥフェイスが基本だけれど、この業務とあの業務くらいはリモートでも大丈夫そうだな」と既に頭の中でピックアップしているはずです。

そして、経営者が次に考えることは、「あ、この仕事は毎日ある仕事じゃないし、リモートでもいいから、今後はフリーランスの外注さんに月20万円でお願いして週に1回リモートで打ち合わせしよう。正社員採用の半分の予算で済むし、フリーランスだから自己管理も問題ないだろうし」と考える経営者が増えていくのではないかと思います。

正社員の方たちは「リモートの正社員」が理想だなと思っている人も多いかもしれませんが、それはなかなか難しいと思います。なぜなら、日本の多くの会社はリモートを主体とした事業モデルにはなっていないので、リモートを主体にすると、たとえ作業はできて

も受注は減っていくと思います。すると利益も落ち、おのずと正社員レベルの給与水準の雇用の維持は難しくなっていきます。案外と、楽観的に考えてはいけない問題であると思います。一時的、短期的にはリモートの正社員という「処置」はあるとは思いますが、今後会社の売上が下がれば、それらのリモートワークは正社員から正社員でない雇用形態の方たちへ一気にスライドする可能性はあります。現実的には、リモートの外注社員と、常駐の正社員、この2本柱でいこう、という会社が今後増えるのではないかと思います。

そうすれば、オフィスもよりコンパクトな場所で済むので家賃の経費削減になりますし、何より社会保険料の会社負担分が減ります。社会保険料というのは、中小企業にとってはかなりの負担になる費用です。

有事の時に、固定費が負担になるということを今回の新型コロナウイルスの件で身をもって体感した経営者の方たちは、なるべく固定費を抑えておかないと会社は簡単に潰れる、と痛感したことでしょう。だから会社の正社員の立場にいる人たちは、今までよりも、「自分を正社員として雇っているとこんなメリットがある」ということをアピールしていかないと安泰ではない時代になってくるかもしれません。

数字や生産性を下げる行動をする社員を指導できるか

できる人が会社を辞めた時に、「何で辞めたのかな」と疑問に思い、その人の普段の行動を思い返すとなんとなく「こういうことが嫌だったのだろうな」と思うことがあります。できる人、言い換えれば数字が取れる人、もしくは数字を落とさない人で、勤怠が悪い人はどの会社に伺ってもまずいません。

だから「だらしのない人」が基本的には好きではない人が多いのだろうと思います。

問題はその「だらしのない人」を経営者は黙認していないか、ということです。

たとえば、だらだらしているから、商談のチャンスを逃した、納期が遅れた、不良品が出た、問い合わせをしたのに返事がまだ来ないとお客様からクレームが入る、2カ月前の領収書をしれっと提出してくる、タイムカードすらまともに押せない、遅刻してものんびり出社してくる、等々。できる人は、最初はそのだらしない本人に怒りの矛先を向けますが、だんだんと「あれ？ なんで経営者は注意しないのだろう」と経営者へその怒りの矛先を変えていきます。

ただ、できる人の特徴というのは、それを思っていても経営者には直接言わないのです。じっと経営者が行動を起こすまで待っています。そして経営者が指導をしたら、よかったと思いますが、いつまで経っても指導しない場合、自己判断で見切りをつけてしまいます。

「この会社は、あんなにだらだらしていたって、可愛げがあれば許されるんだ。だから自分みたいな数字は出せるけど可愛げがない人間は、別のところに行った方がいいだろう」と自己完結してしまう人が多いのです。できる人ですから、転職活動をしたらすぐ、採用が決まってしまいます。

このようにして、間接的な理由でできる人が抜けて行き数字が下がってしまう、生産性が落ちるということが会社では起こり得ます。

経理部においても、経営危機の会社に伺うとだいたい「昨年まで経理に優秀な方がいたんですけど」「半年前に、もう無理ですといって、できる経理の人が辞めてしまったんです」という会社が多かったのです。

そしてもう一つ、今の時代だからこその課題ですが、「だらだらできる」のは正社員だけなのです。今は正社員の他に、アルバイト、派遣社員、外注会社の社員、フリーランスなど、ありとあらゆる立場の人が一緒に仕事をする機会も増えました。正社員以外の人達がだらだらとふるまうことなどできない中で、正社員の中でだらだらしている人がいるといい気持ちはしません。「正社員を遊ばせるために自分達はいるのではない」と、モチベーションも下がります。「最低限のことだけやってお金をいただこう」となります。これが、正社員がきびきびと動いて懸命に仕事をしていたら、「なんとかしてこの人達の助けになれないかな」と、協力姿勢になります。彼らのモチベーションも上がり、生産性のある提案や動きも積極的にしてくれます。あらゆる人を味方につけることが、数字や生産性を上げるコツの一つでもあります。

私が経験してきた黒字会社で、もしだらしのない人を発見すると、その周囲の口癖は「ちゃんとしようよ」「きちんとしようよ」でした。私もよく使います。「しなさい」ではなくて「しようよ」というのがポイントです。

そして言って終わりではなくて、「ちゃんとしようよ。で、どうしたらいいと思う？」と具体的な行動を本人に決めてもらって宣言してもらうというのです。それを繰り返すことで、徐々に習慣が良くなっていきます。

素早い行動習慣をつける集団に変えていくと数字もついてくるはずです。

「給料が安い」は評価して欲しい、「評価が低い」は給料が欲しい

近年は以前にも増してさまざまな種類の評価制度が入り乱れて、経営者の方もどれを採用しようか迷われているように思います。

私が評価制度に関して相談を受けたら、評価制度シートだけで全員が満足するような完璧な仕組みなどは実質不可能だから極力シンプルなものでいいとお伝えします。

複雑な評価制度を作ると、まず総務人事の作業量がものすごく増えます。コスト増です。それに見合う満足度があればいいですが、結局シンプルなものでも複雑なものでも、文句を言う人はだいたい一緒です。だからシンプルで十分だと思います。

むしろ、一番効果的なのは、経営者が社員一人ひとりに5分でもいいので時間をとって、次年度の年俸を伝えつつ、「いつも頑張ってくれているのを知っているよ。ありがとう。これからも頼りにしているから頼むね」と直接1対1で伝えれば、だいたいの社員が、「まあ、

給与ももうちょっと欲しいし、言いたいこともあるけど、見てくれているんだったらいいか。また1年頑張ろう」と思います。むしろそのほうが、社員の満足度は評価制度などよりも上がると思います。コストは経営者が稼働するだけなので、実質0円です。

シンプルな評価制度があれば、より詳細なものは、社長がマンツーマンで直接社員と話をするのが時間的に難しくなる、１００人を超えたあたりから整備していっても遅くはないかなと個人的には思います。１０００人の会社であれば、１００人の上司が10人の部下を細かく分析するよりも、10人のボスが１００人の部下に直接感謝の気持ちを伝えたほうが数字は維持しやすいとは経理的立場からは思います。

経営者の方で、評価制度「だけ」で不平不満をなくそうと思っている方がいたら、それは逆効果です。むしろ「こんなシートと直属の上司の面接だけで査定して、全然うちの社長は自分に興味がない」となる人もいます。

私がいつも経営者の方にお伝えしているのは、社員というのは、口で言っていることと、本音は違うことがありますよ、ということです。私の統計上、「給料が安いなあ」という人は、実際はお金も欲しいけれどそれ以上に経営者に「よくやっているね」と評価をして欲しく、反対に「評価されていないと思うんですよね」という人は、それも不満だけど、評価がされていないのだから、結局は給料が上がらないのだろう、と思っています。

これは日本人の特徴だと思うのですが、他国だと発言したことをそのままストレートに受け取っていいのですが、日本人はあまのじゃくといいますか、ストレートに本音を言ってしまうと「みっともない」という心理が働いて違う表現が出てくることが多いのです。

ところが経営者の方の多くは、「発話されたものそのまま」を受け止める傾向があります。だから「社員から給料が安いと言われたから上げたのにまだ文句を言っている」「自分のことが評価されてないって社員が言うから1時間とって喋ったんだけど、納得いっていない顔をしていた」と経営者がいぶかしむことが起こるのです。

一概には言えませんが、前者は「頑張っているのをわかっているよ。この仕事は君しか任せられる人いないの、君が一番わかっているでしょう」と笑顔で言えば、コストがかからずに、本人もモチベーションが上がったかもしれませんし、後者は「月○万円のベースアップでどう？」と言えば、「ありがとうございます！ベースアップの分も結果出します！」と1分で話が終わったかもしれません。

日本人って本当に面倒くさいんです。ただ、観察していれば、その社員が求めているものが給与なのか肩書なのか、それともやりがいなのかわかります。評価制度に時間をかけるよりも、社員を観察することに時間にかけたほうが、コストもかかりませんし、社員のモチベーションも上がると思います。

数字を持っている人ほど、突然離脱する

外部環境の変化を察知することは難しくても、内部環境の変化であれば皆さんも気づくことがあるのではないでしょうか。「売上トップのAさん、以前はよく皆の勤怠がだらしないと怒っていたけど、最近急に穏やかになったな」、「ふと思ったけど、うちの会社のノベルティ、なんとなく毎年だんだん安っぽくなっている気がする」。

このような、ふと思ったこと、気になったことというのも大きな変化の前触れの場合があります。3カ月後、売上トップのAさんが会社に見切りをつけて転職をしていき、会社の売上が一気に下がったとか、ある日突然、経営者から経営が危機的状況に陥っていると知らされたとか、そのようなときに「ああ……そういえば」と、敏感な人であれば、その変調を普段の仕事の中で感じることもあると思います。

「会社を辞める」と毎日言っている人は、まず辞めない、というのが会社員のあるあるで

すが、本当に辞める時は全てが整うまで、辞める素振りを見せないのが一般的ではないでしょうか。私の経験上、「辞める辞める詐欺」の人は、実際に辞めてもそれほど損失はなく、**「私なんていなくてもたいしたことないですから」という人ほど、その人が辞めて数字が落ちるということが多いと思います。**

経営者の方は、表層的な「辞める辞める」に気を取られて肝心なサイレントの出来る人のモチベーション低下に気づかない時があります。数字を持っている人は、情熱はある分、割り切りも早いですから、実績がきちんと出ている人の話には真剣に耳を傾けたほうがいいと思います。

社員が経営者に意見を言う時に、主語をつけない人もいますが、その内容の主語が「会社」「経営者」であれば、耳を傾けるべきだと思います。たとえば「困ります」という内容の意見であれば、「会社が困る」「経営者が困る」という意見であれば、真っ当な意見が多いと思いますが、中には「自分が困る」だけの意見というのもあります。日本語は主語が省略できてしまう言語です。意見を全て「経営者へのクレーム」と思わずに、その主語は何か、という点をフォーカスして経営者の方も社員の意見に耳を傾けるといいのではないかと思います。

「経営者の独裁」は2パターンある

会社員同士の会話で「独裁」という言葉を聞くようになりました。以前は「ワンマン」と言っていた気がしますが今は「うちの会社は独裁だから」という言い方のほうが増えたと思います。

その違いは何だろうか、と考えた時に、「ワンマン」は1種類、「独裁」は2種類あるということなのだろうと思います。

1パターン目は、まさに「ワンマン」の言葉のごとく、いろいろな面で「強い」経営者一人が、あらゆることを全て決めてしまう、という組織です。「ワンマン」はその意味だけですが、「独裁」には**もう1パターンあります。それは、社員があまりにも「弱すぎて」、経営者が本当は「普通」なのに相対的に「独裁に見えてしまう」、というパターンです。**

「ワンマン」から「独裁」という言葉の変化は、ここにあるのではないかと思います。

昔ながらの強権的な「アクの強い経営者」が減ってきている中で、「独裁」という言葉が逆に増えてきたのは、この2パターン目の組織が日本には増えてきている、つまり数字が自力で出せない会社、つまり、利益が出せない会社が増えてきているからではないかと思います。「うちの社長、本当にワンマンだから」「そうそう、ひどいよね」という会話が聞こえてくると、まだ社長に一泡吹かせてやりたい、という意欲がその人達にあるように私には聞こえますが、「うちの社長、独裁だからね」「しょうがないよね」という会話だと、その人達はもう抗うことを放棄した、あきらめたような会話に私には聞こえます。

ワンマン経営のリスクは「後任となる経営者候補を育てていない」ということですから、現経営者に突然何かあったら、その会社はたちまち立ち行かなくなるリスクがあります。独裁経営の場合は、それ以前に外的環境の変化だけで立ち行かなくなるリスクがあります。

ワンマン経営の場合は、経営者のスピードが速すぎるのかもしれませんので、たまに皆がついてきているか振り返ることでスピードを調整すればいいと思います。独裁の2パターン目のような場合は、経営者の方が、ワンマン経営者と言われる方の本やインタビュー記事を社員に見せて「自分はこれにくらべたら全然速くない。皆が世間の平均より少しゆっくりかも」と伝えて、まずは平均値までスピードアップしよう、と業務改善に臨まれると、社員のスピードが上がって数字も改善されていくと思います。

利益が出ているから
その会社の組織が手本にされる

経営者の方々に、組織について必要以上に固執して欲しくない理由の一つは、組織の評価というのは「勝てば官軍」という側面があるからです。

ビジネス上の勝ちとは何なのか。やはり「利益が出続けているか」だと思います。

たとえば10年前には利益が出ていて、今は跡形もない会社であれば、10年前はこぞって多くのメディアがどのような組織なのか取材に訪れ、多くの経営者がそれを参考にしたことでしょうが、今は誰も手本になどしないでしょう。

また、資金調達をしたり、IPOをしたりして、その時は「良い組織だから資金調達ができた、IPOができた」ともてはやされても、その後利益が出なかったら、手のひらを返した評価になることでしょう。

トップダウン方式であったり、サーバントリーダーシップであったり、ピラミッド組織であったり、フラット組織であったり、どのような組織体制がベストなのかというのは、本来は会社ごとに合うものと合わないものとがあるはずです。事業内容、事業規模、そこに集う社員の特性、そして経営者の個性、あらゆる要素が関わってくるからです。

もし私であれば、「まず、利益を出すためにはうちの会社の場合、どういう組織がいいだろうか」と考えるところから始めると思います。**それぞれの理想の組織はあるかもしれませんが、利益が出なければ、会社はいつか必ず潰れてしまうのですから、「まず利益が出る組織を作ろうよ」と考えるのが、それが理想の組織の第一歩だと思います。**

そして利益が出てはじめて、「やりがいのある」とか「毎日が楽しい」など、社員満足度の要素や基準を当てはめてみるのがいいのではないかなと思います。

ただ私が思うに、利益が出ている組織を目指せば、社内コミュニケーションが良くなければ利益は出せないでしょうし、社員がやりがいを持って仕事ができているから利益が出るのでしょうから、結局はシンプルに「利益を出すためにはうちの会社はどういう組織体制にすればいいだろうか」ということを考えて実践すれば多くの社員が満足する組織にはなるのではないかなと思います。組織図を「ああでもないこうでもない」といじるよりは、まず利益を出すための施策、行動に時間を充てた方がいいのではないかなというのが、経理的観点から見た私の考えです。

「雰囲気職種」、「雰囲気役職」を日本語に直してリストラを事前に防ぐ

経営危機に陥った時に、どうしても出てくるのが「リストラ」です。リストラは、したほうも、されたほうも、そして残されたほうも不幸です。できればそうならないように普段から必要最小限で生産性の高い、肥大化しない組織作りを意識したほうがいいと思います。

今の時代の、組織が肥大化する原因は、カタカナ職種、英語役職が無尽蔵に増えていることも理由の一つではないかと思います。私は日本語教師の資格を持っているのですが、日本語は外国のものをカタカナですぐ受け入れてしまえる言語ですので、言葉と連動して日本人もすぐ流行りものを受け入れて、そしてすぐ飽きてしまうのだと思います。

そして日本の会社の場合、そのカタカナ職種、英語役職が、本当にその業務や役職が必要でそうしている場合と、単に、社員のモチベーション維持だけのために、「雰囲気職種」「雰囲気役職」を作っている場合と二通りあるのではないかと思います。

前者の場合はいいのですが、後者の場合は、空白でもいいところに作った職種や役職が、いつしか誰かがそのポジションに必ずいなければならないと皆が思い込んでしまう、という状態を作り出し、それが人件費の重たくなる要因の一つになっていくのだと思います。

組織マネジメントの側面から見ると、理屈付けができる職種や役職でも、計数的な側面から見ると明確でない職種や役職があります。

「この職種は会社の数字の一体どこに貢献しているのか」「分析なら経理や経営企画がやればいいのに、なぜこのカタカナ職種が独立してわざわざ必要なのだろうか」「なぜ似たような役職が同じ業務で何人もいるのだろうか」という理由は、計数的な側面からも納得する材料を用意しないと簡単に組織が肥大化していきます。

経営が順調な時はいいですが、資金不足、経営危機になった時に、投資先、融資先からも同様に「いったいこの名前の職種の人は何の仕事をしている人なのですか？どうしても経営に必要ですか？と、聞かれることがあると思います。「周囲の会社が皆カタカナ職種を雇っているからとりあえずうちも採用しよう」「モチベーションが上がるのだったら自分の好きな役職作っちゃっていいよ」ではなく、自分の会社に本当に必要なのかどうか、職種や役職を日本語に直してみて、役割としてダブっている人同士がいないか、組織が肥大化しないために定期的に整理してみるのもいいと思います。

なぜリストラをしなければならなくなるのか。それはその会社に「不要な人」がいるのではなくて、会社にとって「不要な職種、不要な役職」を作ってしまうことに根本の原因があると思います。

以前ある大企業にお勤めの方と話をしたときに、自分達ですら部署名や肩書が長すぎて面倒なので、日常的には簡略化して使用しているとおっしゃっていました。それを伺った時に「簡略化ではなくて、なぜ根本の名前そのものから見直さないのだろう」と思ったことがあります。なぜかというと、部署名や肩書が長い人の中に、少しでも間違えたり簡略化したりすると怒る方がいるので、メールなどの時にはとても配慮が必要になるからです。本文の文章はたった2、3行なのに、名刺の部署名と肩書を間違えないように転記して何回も見直すほうに時間がかかっているということもあります。長い部署名、肩書は社内では省略できても社外の人の立場では省略ができません。「○文字以内」「名刺1行まで」など、会議資料と同じで無尽蔵にならないように上限の取り決めをしてその中で運用する、ということができれば、社内の管理部門の作業時間も短縮し、社外の取引先も負担が軽減されて大変助かるのではないかなと思います。

第11章

経理的視座をスタートアップに活かす

「コツコツ」か「一気」か

ここ数年、経営者の方たちから一番多かった質問は「今までのように、自分で銀行から借入をして、コツコツ利益を溜めて経営をしたほうがいいのか、それとも、ベンチャーキャピタルや個人投資家などから出資をしてもらって一気に勝負をしたほうがいいのか、どちらがいいのでしょうかね」ということでした。

10年、20年コツコツ経営をされてきた方たちからすると、そういう手法があるなら自分は時間をもっと節約できたのかもしれない、と映るのかもしれませんし、人生1回きりだからそういった手法で大勝負するのもありなのかな、という経営者の方もいました。

ただ、私はむしろ逆なのかなと思っています。

投資をしてもらい数年以内に結果を出すということは、普通の会社なら10年20年かけて行うことを、3年5年でそうした会社と同じレベルにまで引き上げないといけないということだと思います。だから経営者も一般の経営者の数倍分のスピードで経営者としてのスキルを積まなければいけないので、覚悟が必要なことだと思います。そして結果が出なかった場合は、自分が設立した会社でありながら責任をとって退任しなければならない、という状況も中にはあります。

10年20年経営をされている方でしたら、既に経営のノウハウがあるので、出資をしていただいてスピード感ある大胆なビジネスを行うということ自体はありだと思います。

一方で、独立して上手くいく方は、基本的に人にあれこれ意見を言われるのが苦手な人のほうが多いのではないかと思います。投資をしていただくということは、ワンマン経営というわけにはいきませんので、経営者の方の個性によって、向いている人と、そうでない人がいるのではないかと思います。

役員報酬を少なくしすぎると、万が一の時に対外的責任をとれない

よほどお金にルーズな方でない限りは、私は経営者の方には数字的に余裕があれば役員報酬をご本人が「これくらいあれば」と、思っているよりも多めに設定しておくように勧めています。それには理由があります。

会社を経営していくうちに、会社や役員、社員などによる重大な事件事故、あるいは経営不振などに陥ったとき、「誰かが」「何かの」責任をとらなければなりません。その中で、辞任するレベルまでいかないけれどもなんらかの責任を見える形でとらなければいけない、という時に、役員報酬のカットという形で責任をとる選択肢を残すことができます。あまりに役員報酬を少なく設定していると、「役員報酬月額30万円を0円にします」と言われても逆に責任を感じていないのではないかと思われます。

人のいい方ほど、自分の役員報酬を少なくしがちですが、**本人は良くても、社会的責任**

という観点から見ると、そういった責任の取り方をより多く備えているほうが会社を潰さないという点ではいいのではないかと思います。

ちなみに、会社員の皆さんの中で「どうしてあんな人が役員なのだろう。社長の目も節穴だな」と思ったことはあるでしょうか。私も以前はそういうケースを見たことがありましたが、ある日、ふと気づきました。「あ、この人は生贄用の役員さんなのかも」と。つまり、取締役が全員、数字を持っている実務に欠かせない人ばかりだったら、誰かが責任をとって辞任しなければいけないレベルの事象が発生したときに、誰か一人の辞任でも、会社の売上や利益に大きな影響を与えてしまいます。そうならないために、「生贄用の役員」として、あの人はいるのかも、と思った時に、この会社の経営者は「怖い」と思いました。ただ、そういう経営者は「会社を潰さない」のです。

役員報酬を多めに設定しておいたほうがいいもう一つの理由は「万が一」の時の備えです。

経営危機になると、数百万円単位であっても、金融機関が貸してくれないことがあります。すると金利の高いキャッシングを個人で借りたり、あるいは精神的に追い込まれて良くないところから借りてしまったり、という危険性もあります。

会社のことを一番考えているのは、やはりその会社のトップですから、いざという時に自分の貯金を会社に貸し付けができるように貯金をしておくことをお勧めします。それによって資金繰りが1カ月長く持つだけでも、危機を乗り越える対処方法、解決方法が見つかる確率が何倍にも増えます。

特にご家庭がある経営者の場合、経営者が個人のお金を会社にどんどん入れていくと、家族内でもめて家庭不和になるケースがあります。そうならないためにも、役員報酬の実質的な使い道の内訳として「家計用と万が一用」とに分けて管理をし、それを家族にも理解してもらっておいたほうが経営危機においても、家族が協力してくれることでしょう。

もちろん、「役員報酬、高すぎないですか」と外部機関から言われないように、1、2年内に役員報酬に見合う結果や売上・利益を目指すことは当然のことです。

起業したら、外注や副業でもいいから経理担当をまず雇おう

多くの起業する方たちは、いわゆる現場系の出身、そしてバックヤード系の中では人事採用の出身の方たちも起業する方が増えてきました。会社の数字管理は大丈夫ですか？と心配をすると「馬鹿にしてない？ わかっていなければ起業しないよ」と皆さん言います。しかしその「わかっている」という範囲は「粗利まで」ということがほとんどです。

製造業出身の方であれば売上原価には詳しいですし、広告代理店だったら、エージェント料の範囲は詳しいでしょう。しかし、そこから先の数字はどうでしょうか。賃料、顧問料、税金……人材紹介のエージェント料も年俸の3分の1前後というところが多いですから人を一人採用するだけでもばかにならない時代です。

それからこれが会社を潰さないポイントですが、会社というのは、いくら細かい金額を節約していても、その会社の「リスク」が実際に起きてしまった時点で、修繕費や損害賠償

金など、予定外の多額の費用が出ていってしまうことがあります。**起業の際には、「自分が立ち上げる会社にはこれからどのようなリスクや課題があるか。そしてそれが実際に発生したらいくらかかるのか。その準備はできているのか」ということくらいは考えておかないとすぐに潰れてしまいます。**1年間を通してアクシデントやトラブルが何もないベンチャー企業などないからです。

だからといって1円単位までの細かい試算をする必要はありません。ただ、そうした発想があるかないか、ということ「だけ」で、ベンチャー企業においては潰れるか潰れないかの確率が、かなり変わってきます。現場出身の方は現場のオペレーションとそれに伴うリスクや、実際に発生した場合にかかる費用はもちろんわかっているでしょうが、「会社経営全体」に係るリスクやそれに伴う費用というのは、どうでしょうか。経理出身だとそれがわかります。なぜならリスクはコストを伴うので、何らかのリスクが発生したらそこには必ず支払請求書、領収書、支払通知書、契約書など、「お金を支払う根拠となる証憑と、会計データの仕訳」が伴うからです。だから初めて訪れた会社でも、過去数年の会計仕訳データを全て目を通せば、「3年前にこんなトラブルがあったんですね」ということは、すぐにわかるわけです。

会計仕訳データを見ることができる経理の実務者が、リスクの種類に関してはどの職種よりも詳しいはずです。

小規模な会社であれば、少しの予定外の出金でもすぐ会社の存続に関わってきます。私も20代の頃、友人が起業した際に、土曜日などに訪問して経理を見てあげたこともあります。無料で見たかわりに御飯代をポケットマネーでご馳走になりました。今は副業もOKという会社も多いですから、経営者の方は社内に経理がいなかったら、社外に求めて、1カ月に半日程度でもいいので、数字を見ながら全体の感想を言ってもらうなどするだけでも、潰れる確率は格段に減ると思います。

経理出身で起業する人がなぜこんなに少ないのか私も以前考えたことがあるのですが、おそらくあまりにも数字やリスク項目を自然に知りすぎているので、「起業は自分にはリスクが高すぎる」という結論から独立しないのだと思います。それだけ起業というのは、大胆かつ慎重に進めないと、途中まではいっても最終目的地にたどり着けないまま終わる、ということも多いので、起業したらなるべく早めに数字に明るい人に声掛けして参画してもらうことは大切だと思います。一点注意して欲しいのはお金に詳しいと言っても、金融業界ということではなく、「仕訳が切れる人」ということです。「仕訳が切れますか」という質問をして、できる、という人の中から、これぞ、という人に声をかけてください。

ＣＦＯが簿記を知っているかどうかで管理体制を調整する

ＣＥＯの方は現場出身の方が多いので、ＣＦＯを選定するときも、「資金調達候補の人脈があるか」「経歴」「リーダーシップがあるか」というような基準を中心で見るかもしれませんが、計数的な面から見ると「簿記を知っているかどうか」で会社の体制も調整しないといけません。

簿記の経験がある人は、自分で会計データも作成でき、頭の中で仕訳が想像できますから、ベンチャーキャピタルなどから計数的な質問をされても即答できますし、様々な資料も時間をかけずに感覚的に自分で作成することができます。

一方で簿記の経験がない方は、詳細な質問をされたり、短時間で大量の計数的な資料を作成したりしなければいけないという場合に、一人で対応することが難しい場合がありま す。

そのため、経理マネージャーレベル以上の実務経験のある社員を一人つける体制にするといいと思います。そうしないと「作業だけ」に手間取ってしまい、他の業務が滞ってしまう可能性があります。金融系の出身の方の中にも簿記は未経験という方も意外といるので、簿記の経験の有無も事前に確認をして、社内体制の調整をするといいと思います。

ＣＦＯ、ＣＯＯ、ＣＴＯなど、いわゆる「ＣＸＯ」のポジションになる方には、それなりの金額の報酬を支払いますので、その会社に合った方を選任しないと、ＣＥＯも、ＣＸＯになった本人も、そしてその部下も、そして数字的にも皆苦しくなります。

中には短期間で交代される方もいますが、その場合はお金も時間もその分ロスをしてしまいますので、できればそうした状況は避けたいところです。日本の場合、ＣＸＯに対して、ＣＸＯの業務だけでなく、取締役レベルの人間性を求める要素が強いという点が、ＣＸＯの方と会社がアンマッチになりやすい要因の一つではないかと思います。

私がこれまで見てきてＣＸＯに就任された方でうまくいっているケースは、

❶取締役兼ＣＸＯ
❷社内からＣＸＯに昇格
❸独立経験があり客観的な実績もある人がＣＸＯとして就任

これらの方だと比較的長くＣＸＯとしてその会社にいらっしゃる気がします。

一方で半年、１年など短期間でＣＸＯが変わる場合もあると思います。それは、ＣＸＯの方は「ＣＸＯの仕事の範囲のみ」の仕事と考えていたのが、ＣＥＯや社員の方たちは、ＣＸＯを「部長のもっと偉い版」「ほぼ社長と同等のレベルの人」と思って、**専門的スキルに加えて、全体的なスキルや人間性も同時に期待して求めるからだと思います。**

１と２の場合は、既に社内の人間関係もできていて、人物審査も終わった人が登用されているでしょうし、３の場合は、その方が就任前に、「自分はこれはやるけれど、これはやるつもりはないですが、それでもいいですか」といったように、一つひとつの実際の業務の擦り合わせを齟齬がないように確認をしているのだと思います。また、実績もありＣＥＯ的な立場の経験もあるので実際には状況によって融通を利かせられる、面倒見のいい方が多いと思います。

これらの他の

・他社でＣＸＯをしていた
・他社で勤務していて今回初めてＣＸＯになる

という方に関しては、「どこからどこまでがCXOの業務です」ということを、お互いに擦り合わせないで感覚的に意気投合した状態でCXOの方が入社をするというケースもあります。その結果、CEOや社員からCXOにどんどん仕事の依頼が増えていくとCXOの方が「これって自分の仕事のつもりではなかった」という齟齬が発生することが多いのかなという気がします。

CXOの方を登用する際は、CEOとCXO候補の方との間で、細かく文章化するレベルで業務内容を擦り合わせたほうが、うまくいくと思います。

今の時代は、ありとあらゆる形態や規模の会社がCXO制度を採用していますので、その実務経験も千差万別です。CXOの方を採用、スカウトをする側は、「たとえばある月の1日から31日まで、どのようなスケジュールで仕事を実際にされていましたか」「CXOの業務範囲の中で、実際に自分で手を動かせる実務とそうでない実務（部下にやってもらい、自分はマネジメントをしていただけの業務）は何ですか」など、具体的に聞くことで、自社に合う方かどうかをイメージがしやすくなると思います。

資金調達ゴールなのか、上場ゴールなのか、それより先も目指すのか

一時期は「上場ゴール」という言葉も流行りましたが、最近は赤字でも上場までいけば大成功、資金調達したという時点でもお祭り感があります。

私が昔、といっても10数年前に経験してきた「3期連続黒字かつ売上も利益も右肩上がりでない会社など、会社ではない」くらいに言われて必死に株式上場の作業をして、現場の人達も必死に売上を立てていた時期から考えると随分状況が変わったと思います。だからといって簡単になったかというと、それはその時代ごとに大変さはあると思います。特に今の時代は労働時間厳守ですから、限られた時間しかない中でどうやって結果を出すのか、というところが、昔以上に難しさがあると思います。

私が考える資金調達などをする場合の「会社の理想的なゴール」は、資金調達をして、上

場をして、ＰＬ（損益計算書）上も利益を出せるようになり、税金もきちんと納めて、上場後も忘れ去られることなくコンスタントに世の中に話題を提供し、株式の売買量もコンスタントにある会社、というイメージを持っています。

それが、関わる人全て（投資家、経営者、社員、社員の家族、取引先、社会全体等）にとって一番「関わって良かった」ということになると思いますし、そのような会社には数字がついてくるはずなので、様々な計数的な指標もおのずと良くなるはずだと思います。

私が会社員だった時代は最低でも上場まで一式いかないと「失敗した」とみなされたので、会社のためだけでなく、自分のキャリアを守るためにも必死で働いていました。しかし、今は初期段階の資金調達をしたというだけでもキャリアとして評価されるので、私もこういう時代だったら、もっと気楽に仕事ができたと思います。ただ、その分、それぞれの描いている「ゴールのイメージ」というのが、短期的だったり、刹那的だったり、あるいは私のように長期的だったり、以前に比べてかなり多様化していると感じます。

紙に書いたり口に出したり、それぞれの「会社の理想的なゴール」「自分の理想的なゴール」というのを、組織の中でアウトプットする機会を増やして、お互いの認識を合わせていくと、上場作業に限らず、プロジェクトの途中で主要メンバーが離脱する、というリスクが減るのではないかなと思います。

あとがき

この本の企画が持ち上がったのが4月の中旬、既に発売予定日まで3カ月を切っていました。「執筆期間が3週間しかないですけど大丈夫ですか」と尋ねられ、ハイ！と即答しましたが、内心「どうだろう……でも集中すればなんとかなるだろう」と思っていました。ところが締め切りまで一週間を切ったときに自分の身にとても悲しい出来事が起きました。頭が真っ白になり、1日2日しないと冷静になれないかもと思いました。予備で2日とっていたので理論上は大丈夫ですが、それでも念のため原稿の締め切りを数日伸ばせる余裕があるか出版社に連絡をしようか、逡巡しました。

ちょうどその日は、経理以外のプロの職種の方々や信頼のおける税理士の先生方にお願いしていた「会社を潰さない〇〇」の回答が続々と来ていました。それに目を通してから出版社に相談しようと思い、先にそれらを読み始めました。

すると、送られてきた言葉はどれもやさしい言葉ではなく、自分を律する厳しい言葉ばかりでした。ですがそれらを読んでいるうちに、だんだん背筋が伸びてきて、頭が冷静になってきました。「あ、自分もちゃんとしなければ」と、すっと雲が過ぎ去って空が晴れたようでした。

自分が書いた原稿を読み直すと「1秒でも早く動け」「過去をくよくよ考えるな」と自分で書いてありました。冷静さを失うということはこういうことだと思いました。

そしてすぐ気を取り直して出版社に連絡するのをやめて原稿に集中し、期限通りに原稿を納品することができました。

悲しいこと、悔しいこと、不条理なこと。「どうして自分だけがこんな目に」と思うこともたくさんあると思います。しかしそれでも顔を上げて、立ち上がって、一歩踏み出さないといけない時があります。それを助けるのは言葉です。人はお金だけでは生きていけません。これは、私が経理を長年やってきた結論です。ただし、お金がないと生活はできません。だから言葉とお金、両方必要です。その両方をいろいろな方からのご協力をいただいてこの本に詰め込んだつもりです。そして1日でも早くお届けしようと出版社の皆様も尽力してくださいました。

本書の中のどれか1フレーズでも、どこかで打ちひしがれている人の顔を上げるきっかけになる光、立ち上がるための支えになる杖、一歩踏み出すための背中を押す言葉になれば、これほど嬉しいことはありません。

【著者略歴】
前田康二郎（まえだ・こうじろう）
流創株式会社代表取締役
数社の民間企業にて経理業務を中心とした管理業務全般に従事し、2008 年に経理部長として IPO を達成。その後中国・深圳に駐在。現地法人の設立、内部統制業務などに携わった後、2011 年に独立。独立後はリーマンショック後、経営難に陥っていた企業の経営再建案件等に従事。実際に会社の組織へ入り、実務面を中心とした組織全体の業務改善や計数チェックを行うと同時に、経営者や従業員へ、経理的視点から見た、黒字化に必須な「経理的マインドセット」の指導を実施。数字を意識した行動に会社全体が変わることで業績も変わり、黒字化を達成し、自走できる組織へと改善させている。現在は、ベンチャー企業、IPO 準備企業等の顧問、社外役員等も兼務している。

つぶれない会社《かいしゃ》のリアルな経営経理戦略《けいえいけいりせんりゃく》

2020 年 7月 1日　初版発行
2020 年 9月20日　第2刷発行

発行　**株式会社クロスメディア・パブリッシング**
発行者　小早川幸一郎
〒151-0051　東京都渋谷区千駄ヶ谷 4-20-3 東栄神宮外苑ビル
http://www.cm-publishing.co.jp
■本の内容に関するお問い合わせ先 …………………… TEL (03)5413-3140 ／ FAX (03)5413-3141

発売　**株式会社インプレス**
〒101-0051　東京都千代田区神田神保町一丁目105 番地
■乱丁本・落丁本などのお問い合わせ先 ……………… TEL (03)6837-5016 ／ FAX (03)6837-5023
service@impress.co.jp
（受付時間　10:00 ～ 12:00、13:00 ～ 17:00　土日・祝日を除く）
※古書店で購入されたものについてはお取り替えできません

■書店／販売店のご注文窓口
株式会社インプレス　受注センター ……………………… TEL (048)449-8040 ／ FAX (048)449-8041
株式会社インプレス　出版営業部 ………………………………………………………… TEL (03)6837-4635

ブックデザイン　金澤浩二（cmD）
DTP　荒好見（cmD）
印刷　株式会社文昇堂／中央精版印刷株式会社
製本　誠製本株式会社
 ISBN　978-4-295-40430-9　C2034